D0891908

500

tapas

500

tapas

María Segura

LES ÉDITIONS
PUBLISTAR
Une compagnie de Quebecor Media

Direction éditoriale : Donna Gregory
Direction artistique : Michael Charles
Photographies : Ian Garlick
Suivi éditorial : Mark Searle
Assistante d'édition : Holly Willsher
Consultante spécialisée : Georgie Besterman

Première édition en 2011 par Apple Press,
7 Greenland Street, London NW1 0ND
Sous le titre *500 Tapas*

© 2011, Quintet Publishing Limited
© 2012, Éditions de La Martinière, Paris
© 2012, Éditions Publistar pour l'édition en langue française au Canada

Adaptation et réalisation : ●●● MediaSarbacane
Traduction : Hanna Agostini

Tous droits de traduction et d'adaptation réservés ; toute reproduction d'un extrait
quelconque de ce livre par quelque procédé que ce soit, et notamment par photocopie
ou microfilm, est strictement interdite sans l'autorisation écrite de l'éditeur.

Les Éditions Publistar
Groupe Librex inc.
Une compagnie de Quebecor Media
La Tourelle
1055, boul. René-Lévesque Est
Bureau 800
Montréal (Québec) H2L 4S5
Tél. : 514 849-5259
Téléc. : 514 849-1388
www.edpublistar.com

Dépôt légal – Bibliothèque et Archives nationales du Québec
et Bibliothèque et Archives Canada, 2012.

ISBN : 978-2-89562-463-9

Imprimé en Chine
en janvier 2012

Sommaire

Introduction

Existe-t-il habitude plus typiquement espagnole que celle qui consiste à se réfugier à l'ombre avec un apéritif pour grignoter quelques tapas appétissantes ? Selon la légende, les tapas étaient à l'origine des tranches de pain ou de jambon que l'on utilisait pour couvrir les verres et les protéger des mouches – « tapas » serait dérivé du verbe *tapar*, qui signifie « couvrir ».

De nos jours, les tapas sont au cœur de la tradition gastronomique espagnole. Elles sont servies dans les bars à tapas sous forme de bouchées ou de petits morceaux de pain garnis de morcilla, de piquillos, de pâté ou de charcuterie agrémentée de câpres.

Mais les tapas ne se limitent pas à cela. Ces petits amuse-bouches ont grandement évolué depuis leurs débuts plutôt modestes, et ils s'imposent désormais dans le monde de la haute gastronomie. Résolument espagnoles de par les herbes, les assaisonnements et les ingrédients qui les composent, les tapas ont aujourd'hui gagné en raffinement et en sophistication, sans avoir rien sacrifié à la convivialité.

Le monde entier s'est mis à l'heure des tapas. Cette vague d'engouement a engendré la naissance de styles nouveaux. En effet, il n'est rien de plus facile que de donner naissance à de nouvelles recettes : n'importe quel plat peut être adapté sous forme de petites portions. Vous trouverez dans cet ouvrage de nombreux exemples de ce type, comme la ballottine de lapin aux haricots blancs ou encore les cailles épicées à la grenade.

Le principe du partage de la nourriture est à l'origine de la création d'une extraordinaire variété de tapas, préparations que l'on pose au milieu de la table et autour desquelles les convives peuvent s'asseoir, boire et discuter, tout en se servant à leur guise.

L'agneau rôti et sa salade de grenade ou encore le porc rôti au fenouil et aux haricots blancs se prêtent bien à ce genre de pratique. Il n'y a rien de plus convivial que de picorer ces viandes délicieusement tendres, en bonne compagnie, avec un verre d'excellent vin.

Un autre style se développe de nos jours, qui tend à la constitution de grands assortiments de préparations différentes. À l'examen, on se rend compte que ces plats se prêtent au partage, notamment le faux-filet aux piquillos accompagné de frites de polenta ou encore le poulet rôti sur un lit de gnocchis à la truffe. Il est incontestablement plus amusant de pouvoir goûter à plusieurs plats, en petites quantités, que d'avoir devant soi un plat unique, même s'il est plus consistant.

Pour résumer, les tapas incarnent l'esprit de partage. Elles ne se cantonnent pas à un genre culinaire et permettent de rassembler, d'organiser la vie sociale en donnant l'occasion de siroter un verre de vin, de discuter et d'apprécier ensemble un moment spécial.
Je vous souhaite un bon voyage dans le vaste monde des tapas !

Les ingrédients

Huile d'olive
Les huiles d'olive espagnoles sont uniques. Leur caractère corsé et leur richesse leur confèrent une place de choix dans la gastronomie nationale. Préférez une huile légère pour la friture. Pour la confection de préparations crues (dips, vinaigrettes, émulsions) ou de sauces relativement riches, optez pour une huile extravierge de très bonne qualité.

Paprika fumé
Le paprika fumé est sans doute la plus espagnole des épices. Sa couleur rouge vif évoque furieusement le pays de Goya ! Le paprika espagnol *(pimentón)* se décline en trois versions : doux *(dulce)*, moyennement fort *(agridulce)* et très piquant *(picante)*.

Safran
Le safran est l'étamine du crocus à safran. C'est l'épice la plus chère au monde. Utilisée à l'excès, elle donne aux aliments une couleur jaune vif et un goût amer, mais bien dosée elle confère aux préparations un arôme incomparable.

Piquillos
Le *pimiento del piquillo* (nom dérivé de l'espagnol « petit bec ») est une variété de piment cultivée dans le nord de l'Espagne. Grillés sur des braises, les piquillos prennent une saveur douce et épicée comparable à celle des poivrons. Ils sont ensuite pelés et épépinés manuellement, avant d'être mis en conserve.

Piments de padrón
Ces petits piments verts, pas plus gros que le pouce, sont généralement servis frits dans les bars à tapas. Leur saveur sucrée-salée est très appréciée, mais leur dégustation s'apparente

à une sorte de roulette russe, car certains sont doux et d'autres terriblement forts! Si vous n'en trouvez pas dans le commerce, remplacez-les par de petits piments verts doux.

Pâte de coings

Appelée *membrillo*, la pâte de coings accompagne merveilleusement les fromages, le gibier ou les pâtés, ainsi que les viandes rôties. Elle est excellente mélangée à de l'aïoli.

Chorizo

Le chorizo est soit frais ou demi-sec – auquel cas il doit être cuit avant d'être consommé –, soit sec, ce qui signifie qu'il a été traité et séché et qu'il peut être consommé tel quel. Il doit sa couleur rouge et son goût fumé au paprika. Il est l'ingrédient principal de nombreux plats typiquement espagnols.

Morcilla

La morcilla est un boudin noir espagnol, qui se distingue de ses homologues par sa texture dense – elle est composée de riz – et son caractère épicé. Il est conseillé aux néophytes voulant se familiariser avec le boudin de commencer par la morcilla. C'est incontestablement l'un des meilleurs boudins au monde.

Anchois

Les anchois, en saumure ou au vinaigre, sont au cœur de la cuisine espagnole. Les anchois en saumure sont souvent utilisés pour relever certaines préparations. Goûtez-les, même si vous n'êtes pas un adepte. Ils apportent à certains plats une authentique touche ibérique.

Câpres

La câpre est le bouton floral du câprier *(Capparis spinosa)*. Après la récolte, les boutons sont séchés au soleil, puis conservés dans du vinaigre ou en saumure. Ces procédés de conservation font ressortir leur caractère acidulé (comme pour les olives vertes). On trouve des câpres de toutes tailles : les petites sont celles qui relèvent et parfument le mieux les préparations.

Xérès (fino)

Il est très prisé par les Espagnols, qui utilisent dans leur cuisine du xérès d'excellente qualité, aussi bon que celui que l'on sert à boire. Conservez toujours dans vos réserves un bon *fino* sec. Certaines recettes font appel à des xérès doux et épais (type pedro ximénez) ou encore à des *amontillados*, relativement riches.

Vinaigre de xérès

En Espagne, la cote du vinaigre de xérès est proportionnelle à la popularité du xérès. De fait, les Espagnols sont aussi fiers de leurs vinaigres de xérès que les Italiens de leurs balsamiques. Comme pour les huiles, choisissez le meilleur.

Le matériel

Il n'est pas nécessaire d'être très équipé pour confectionner des tapas. Pour débuter, vous pourrez très bien vous débrouiller avec ce que vous avez déjà dans votre cuisine. Cela étant, si vous désirez investir, voici quelques plats et casseroles qui compléteront utilement votre batterie et quelques ustensiles indispensables à la réussite de votre entreprise.

Plat à paella

La cuisine espagnole ne serait pas ce qu'elle est sans un bon plat à paella. Celui-ci est généralement en acier poli, mais on en trouve maintenant de toutes formes et de toutes tailles, aussi bien en acier inoxydable, qu'en fonte ou en version antiadhésive. Certains sont même adaptés aux plaques à induction. Les recettes de paella présentées dans cet ouvrage sont prévues pour 4 personnes ; un plat relativement petit (de 30 cm [12 po] de diamètre environ) suffira.

Poêle à mini-tortilla

Une poêle réservée à la confection des mini-tortillas peut sembler un luxe, mais la recette de cet ouvrage permet de réaliser une petite tortilla qui surpasse largement les grands modèles en termes de fraîcheur et de saveur. Par ailleurs, il est plus aisé de réussir la cuisson des petits formats, qui sont ainsi plus fondants à cœur.

Plats en terre cuite

Les tapas sont généralement servies dans des plats en terre cuite. C'est un matériau parfait pour ce type de cuisine ; il passe au four et garde les aliments chauds, que ce soit en portions individuelles ou plus importantes. Choisissez des plats de tailles différentes, en réservant

les plus petits pour les olives et les fruits oléagineux, et les plus grands pour des préparations plus consistantes. Les modèles les plus couramment utilisés font entre 10 et 15 cm (4 à 6 po) de diamètre.

Plats en céramique émaillée
En lieu et place des plats en terre cuite, vous pouvez utiliser des plats en céramique émaillée. Choisissez un modèle proche du ramequin, ainsi que d'autres éléments plus larges et moins profonds.

Les planches en bois
La charcuterie étant un élément clé des repas de tapas, prévoyez une jolie planche en bois pour la présenter à table.

Brochettes en bois
Les tapas sont généralement confectionnées sous forme de petites bouchées et rien ne se prête mieux à ce type de présentation que les brochettes. Je conseille de les choisir de petite taille, mais suffisamment longues pour y enfiler deux ou trois morceaux de viande, de poisson ou de légumes.

Piques en bois
Dans tous les bars de Madrid, vous pourrez constater que les tapas de pain sont maintenues par de petites piques en bois. Celles-ci servent également à piquer des olives et bien d'autres choses. Un ustensile indispensable sur une table de tapas !

Mortier et pilon
Un bon mortier et un pilon sont utiles pour écraser les épices, qui libèrent ainsi mieux leurs arômes. Je préfère les mortiers en pierre, plus lourds.

Para picar
Tapas légères

Les tapas sont de petits hors-d'œuvre à grignoter,

légers et appétissants, que l'on porte à la bouche

à l'aide des doigts ou d'une pique en bois.

Les couverts sont superflus.

Olives marinées

Pour 4 personnes

Voici une excellente manière d'agrémenter les olives, qui constituent les tapas les plus répandues. Grâce à la marinade, la chair ferme des olives s'imprègne du parfum des herbes et des épices. Une délicieuse préparation, à laquelle vous reviendrez avec plaisir.

2,5 ml (½ c. à t.) de graines de cumin
2,5 ml (½ c. à t.) de graines de fenouil
5 piments secs (variété *pequin*, de préférence)
3 gousses d'ail entières, pelées
1 citron, tranché
1 beau brin de romarin

1 bocal d'olives espagnoles (vertes et/ou noires), conservées en saumure ou dans de l'huile et égouttées
8 cl (⅓ tasse) de très bonne huile d'olive espagnole extravierge

Dans une petite poêle, faites revenir 1 min environ à feu très doux les graines de cumin et de fenouil ; elles doivent être odorantes. Mettez-les dans un saladier et ajoutez-y tous les autres ingrédients. Mélangez bien, puis transvasez dans un grand bocal muni d'un couvercle. Laissez mariner 1 ou 2 jours dans le réfrigérateur avant de servir, et consommez dans les 2 semaines.

Voir variantes p. 32

Amandes et graines grillées

Pour 4 personnes

Voici un mélange délicieusement croustillant de fruits secs et de graines, à grignoter en accompagnement d'un bon verre de vin.

150 g (1 tasse) d'amandes, non mondées
55 g (1/3 tasse) de graines de courge
55 g (1/3 tasse) de graines de tournesol
60 ml (4 c. à s.) d'huile d'olive

5 ml (1 c. à t.) de copeaux de piments secs
2,5 ml (1/2 c. à t.) de graines de cumin
15 ml (1 c. à s.) de sel
5 ml (1 c. à t.) de poivre noir, fraîchement moulu

Préchauffez le four à 350 °F (180 °C). Mélangez tous les ingrédients dans un grand saladier et répartissez-le sur une plaque de cuisson. Enfournez 20 à 25 min, en remuant régulièrement. Les amandes doivent être bien dorées. Égouttez sur du papier absorbant et salez davantage si nécessaire. Servez tiède.

Voir variantes p. 33

Charcuterie à l'ail confit et aux câpres

Pour 4 personnes

Voici la pierre angulaire de la famille des tapas. Cette préparation très simple à réaliser peut être présentée sur une planche en bois (le bois d'olivier est parfait), que l'on dispose au milieu de la table. Les convives n'ont plus qu'à se servir.

8 tranches de chorizo sec
8 tranches de jambon serrano
8 tranches de jambon ibérique
8 tranches de saucisse sèche espagnole

75 g (½ tasse) d'ail confit au vinaigre
75 g (½ tasse) de câpres au vinaigre
Huile d'olive espagnole extravierge

Disposez avec soin les tranches de charcuterie sur une planche à découper. Parsemez-les d'ail confit et de câpres. Arrosez d'un trait d'huile d'olive et servez accompagné de pain chaud croustillant.

Voir variantes p. 34

Manchego mariné
aux poivrons et au cumin

Pour 4 personnes

Faire mariner les fromages à pâte pressée ne fait pas partie de nos habitudes culinaires.
Mais le manchego ainsi préparé se marie magnifiquement avec le cumin et le poivron.

5 ml (1 c. à t.) de graines de cumin
12 cl (½ tasse) d'huile d'olive extravierge
Sel
Poivre noir, fraîchement moulu

12 tranches de manchego
85 g (³/₅ tasse) de poivrons rouges grillés et
pelés (en conserve, si vous préférez), coupés
en fines lamelles

Dans une petite poêle préchauffée, faites revenir les graines de cumin 30 min environ ;
elles doivent être odorantes. Ajoutez l'huile d'olive, le sel et le poivre, puis mélangez.

Mettez les tranches de fromage dans un récipient fermant hermétiquement. Arrosez-les
de la préparation au cumin, puis ajoutez les lamelles de poivrons. Mélangez bien, puis
réservez au frais au moins une nuit. Sortez le fromage du réfrigérateur 1 h avant de servir.
Présentez-le dans un plat creux, avec la marinade.

Voir variantes p. 35

Boquerones

Pour 4 personnes

Les *boquerones* sont de petits anchois que l'on agrémente d'une marinade très acide destinée à les cuire et à les parfumer en même temps. Cette recette requiert des poissons très frais. Les anchois peuvent éventuellement être remplacés par de très petites sardines.

500 g (1 lb) d'anchois frais ou de petites sardines fraîches de 12 à 15 cm de longueur (d'origine espagnole, de préférence)
5 ml (1 c. à t.) de sel

18 cl (¾ tasse) de vinaigre de vin blanc
30 ml (2 c. à s.) de jus de citron frais
3 gousses d'ail, écrasées
½ bouquet de persil frais, finement ciselé

Utilisez vos doigts pour ouvrir chacun des anchois dans le sens de la longueur : glissez un doigt le long de l'arête centrale, en partant de la tête jusqu'à la queue, afin de bien séparer la chair des arêtes. Vous obtenez ainsi des filets entiers, ouverts et parfaitement nettoyés.

Disposez les anchois dans un récipient hermétique, côté peau vers le bas, et saupoudrez-les de sel. Vous devrez sans doute les superposer. Procédez alors par couches.

Mélangez le vinaigre, le jus de citron, l'ail et le persil. Arrosez les anchois de ce mélange. Secouez légèrement le tout pour bien enrober le poisson avec la marinade. Fermez le récipient et réservez 2 jours au frais. Le poisson mariné prend une teinte blanche.

Servez les anchois sur une planche ou dans une assiette, légèrement arrosés de marinade.

Voir variantes p. 36

Piments de padrón frits

Pour 4 personnes

Ces petits piments au goût fumé, que l'on sert dans tous les bars à tapas, sont agrémentés le plus simplement du monde de sel et d'une bonne tombée d'huile d'olive. À l'œil, rien ne les différencie les uns des autres. Pourtant, leur dégustation s'apparente à une véritable roulette russe dans la mesure où l'on court le risque, une fois sur dix, de croquer un spécimen particulièrement fort. Prenez vos précautions et munissez-vous d'une boisson fraîche, bienvenue en cas de mauvaise pioche !

350 g (10 oz) de piments de padrón
  (ou, à défaut, de petits piments verts doux)

30 ml (2 c. à s.) d'huile d'olive légère
2,5 ml (½ c. à t.) de sel

Lavez les piments sous l'eau froide et épongez-les soigneusement. Dans une grande poêle chauffée à feu vif, versez l'huile d'olive et laissez-la chauffer jusqu'à atteindre quasiment son point de fumée.

Mettez-y les piments, couvrez-les et laissez cuire 4 à 5 min, en remuant de temps à autre ; la peau des piments doit être cloquée et grillée. Égouttez les piments sur du papier absorbant, salez-les généreusement et servez sans attendre.

Voir variantes p. 37

Chips de chorizo et de pommes de terre

Pour 4 personnes

Le chorizo est une saucisse qui devient délicieusement croquante à la cuisson. Voici donc une manière originale de préparer des chips très croustillantes. Veillez à faire rissoler en priorité les rondelles de pommes de terre, faute de quoi l'huile et les épices libérées par le chorizo leur donneront une teinte rouge.

Huile végétale pour la friture
1 grosse pomme de terre à peau rouge, pelée
   et coupée en très fines rondelles

2 chorizos à cuire, tranchés finement
2,5 ml (½ c. à t.) de sel

Faites chauffer une poêle à moitié remplie d'huile végétale. Plongez-y les rondelles de pommes de terre et faites-les frire 1 à 2 min ; elles doivent être dorées. Procédez en plusieurs fois pour ne pas surcharger la poêle. Sortez les pommes de terre du bain d'huile à l'aide d'une écumoire et égouttez-les sur du papier absorbant. Procédez de la même manière avec les fines tranches de chorizo, que vous épongerez aussi avec du papier absorbant. Salez légèrement les pommes de terre et le chorizo, puis servez sans attendre.

Voir variantes p. 38

Piquillos farcis

Pour 4 personnes

Hauts en couleur, les *pimientos del piquillo* constituent un pilier de la gastronomie espagnole. On trouve facilement ces petits piments en conserve, ce qui permet de toujours en avoir en réserve.

250 g (½ lb) de morue salée
1 feuille de laurier
1 pomme de terre (farineuse, de préférence, type idaho ou russet), pelée, bouillie et réduite en purée
2 gousses d'ail, écrasées ou finement émincées

Le zeste et le jus de 1 citron
12 cl (½ tasse) d'huile d'olive extravierge + huile pour les plats et la finition
Sel et poivre noir fraîchement moulu
4 piquillos en conserve (ou de petits poivrons rouges entiers)

Faites dessaler la morue 24 h dans de l'eau froide, en changeant l'eau une fois.

Préchauffez le four à 350 °F (180 °C). Mettez la morue dans une grande casserole, recouvrez d'eau, ajoutez le laurier et portez à ébullition. Ôtez la casserole du feu et réservez 5 à 10 min. Égouttez la morue. Lorsqu'elle a suffisamment refroidi pour être manipulée, émiettez-la en prenant soin d'enlever la peau et les arêtes. Dans un saladier, mélangez à l'aide d'une fourchette le poisson, la pomme de terre écrasée, l'ail, le zeste et le jus de citron, jusqu'à obtention d'une pâte homogène. Ajoutez l'huile progressivement, en fouettant vigoureusement pour qu'elle soit bien absorbée. Salez et poivrez. Farcissez les piquillos de cette préparation, en prenant soin de ne pas déchirer leur chair. Disposez-les dans 4 petits plats légèrement huilés. Enfournez 20 min ; la farce doit être chaude à cœur. Arrosez d'un trait d'huile d'olive et servez sans attendre.

Voir variantes p. 39

Olives marinées

Recette de base p. 17

Olives marinées au thym et au laurier
Suivez la recette de base, en remplaçant les graines de cumin et de fenouil par 5 ml (1 c. à t.) de thym frais finement ciselé et 2 feuilles de laurier. Supprimez les piments secs, le citron et le romarin.

Olives marinées à la menthe
Suivez la recette de base, en remplaçant les graines de cumin et de fenouil par 15 ml (1 c. à s.) de menthe fraîche finement ciselée. Supprimez les piments secs et le romarin.

Olives marinées au thym
Suivez la recette de base, en remplaçant les graines de cumin et de fenouil par 5 ml (1 c. à t.) de thym frais finement ciselé. Supprimez les piments secs.

Olives marinées aux poivrons rouges et au basilic
Suivez la recette de base, en remplaçant les graines de cumin et de fenouil par 15 ml (1 c. à s.) de poivrons rouges grillés et émincés (frais ou en conserve) et 15 ml (1 c. à s.) de basilic frais. Supprimez le romarin.

Amandes et graines grillées

Recette de base p. 19

Amandes et graines grillées aux épices
Suivez la recette de base, en remplaçant le cumin et les copeaux de piments secs par 1,25 ml (¼ de c. à t.) de piment de Cayenne et 2,5 ml (½ c. à t.) de paprika.

Amandes et graines grillées au curry
Suivez la recette de base, en remplaçant le cumin et les copeaux de piments secs par 5 ml (1 c. à t.) de curry en poudre.

Amandes, graines et raisins grillés
Suivez la recette de base, en remplaçant la moitié des graines par 30 ml (2 c. à s.) de raisins blonds.

Noix, graines et abricots grillés
Suivez la recette de base, en remplaçant les amandes par des cerneaux de noix et la moitié des graines par 30 ml (2 c. à s.) d'abricots secs émincés.

Charcuterie à l'ail confit et aux câpres

Recette de base p. 20

Charcuterie aux poivrons rouges et à la roquette
Suivez la recette de base, en remplaçant l'ail par 3 poivrons rouges grillés
et coupés en fines lamelles (des poivrons en conserve feront l'affaire).
Supprimez les câpres et décorez le plat de jeunes pousses de roquette.

Salami à l'ail confit et aux câpres
Suivez la recette de base, en remplaçant les jambons par diverses variétés
de salami italien.

Pâtés à l'ail confit et aux câpres
Suivez la recette de base, en remplaçant la charcuterie par différentes sortes
de pâtés.

Mortadelle et fromage truffé à la pistache
Suivez la recette de base, en remplaçant les jambons par de la mortadelle
et du fromage truffé. Supprimez l'ail et les câpres et décorez le plat
de pistaches concassées avant de servir.

Variantes

Manchego mariné aux poivrons et au cumin

Recette de base p. 23

Manchego mariné aux câpres et aux anchois
Suivez la recette de base, en remplaçant les graines de cumin grillées et
les poivrons rouges grillés par 15 ml (1 c. à s.) de câpres et 4 filets d'anchois.

Manchego mariné au basilic et à la tomate
Suivez la recette de base, en remplaçant les graines de cumin grillées et
les poivrons rouges grillés par 15 ml (1 c. à s.) de basilic finement ciselé et
125 ml (½ tasse) de tomates cerises concassées.

Manchego mariné au thym et à l'ail
Suivez la recette de base, en remplaçant les graines de cumin grillées
et les poivrons rouges grillés par 5 ml (1 c. à t.) de thym frais finement ciselé et
2 gousses d'ail finement émincées.

Manchego mariné au vin et à l'estragon
Suivez la recette de base, en supprimant les graines de cumin grillées et
les poivrons rouges grillés, et en ajoutant 5 ml (1 c. à t.) d'estragon frais
finement ciselé, ¼ tasse (4 c. à s.) de vin blanc, 15 ml (1 c. à s.) de vinaigre de
vin blanc, 1 gousse d'ail finement hachée et 5 ml (1 c. à t.) de thym frais
finement ciselé.

Boquerones

Recette de base p. 24

Boquerones à la crème sure et à l'aneth
Suivez la recette de base. Juste avant de servir, égouttez les anchois marinés. Agrémentez-les de 30 ml (2 c. à s.) de crème sure et de 15 ml (1 c. à s.) d'aneth frais finement ciselé.

Boquerones aux tomates et aux échalotes
Suivez la recette de base, en agrémentant la marinade de 2 tomates concassées et de 2 échalotes finement émincées. Mélangez délicatement.

Boquerones au poivron rouge
Suivez la recette de base, en agrémentant la marinade de 1 petit poivron rouge finement haché et de 1,25 ml (¼ de c. à t.) de piment de Cayenne.

Boquerones aux cornichons et aux câpres
Suivez la recette de base, en agrémentant la marinade de 4 petits cornichons finement hachés et de 15 ml (1 c. à s.) de câpres.

Variantes

Piments de padrón frits

Recette de base p. 27

Piments de padrón frits à l'ail
Suivez la recette de base, en remplaçant le sel nature par du sel à l'ail.

Piments de padrón frits aux épices
Suivez la recette de base, en agrémentant l'huile de 2,5 ml (½ c. à t.) de cumin en poudre.

Piments de padrón frits à la coriandre
Suivez la recette de base, en agrémentant l'huile de 2,5 ml (½ c. à t.) de coriandre en poudre.

Piments de padrón frits au chorizo
Suivez la recette de base, en faisant revenir 1 min environ 1 chorizo émincé dans l'huile, juste avant d'y ajouter les piments.

Chips de chorizo et de pommes de terre

Recette de base p. 28

Chips de chorizo et de panais
Suivez la recette de base, en remplaçant la pomme de terre par 2 panais de calibre moyen.

Chips de chorizo et de pommes de terre au cumin
Suivez la recette de base, en agrémentant la préparation d'une bonne dose de cumin en poudre.

Chips de chorizo et de betterave
Suivez la recette de base, en remplaçant la pomme de terre par 1 betterave. Servez accompagné d'un dip à base de crème fraîche (ou sure) agrémentée de 15 ml (1 c. à s.) de ciboulette finement émincée.

Chips de chorizo et de pommes de terre au romarin
Suivez la recette de base, en remplaçant le sel nature par du sel au romarin.

Variantes

Piquillos farcis

Recette de base p. 30

Piquillos farcis aux crevettes
Suivez la recette de base, en remplaçant la morue par la même quantité
de crevettes cuites.

Piquillos farcis au fromage de chèvre
Suivez la recette de base, en supprimant la morue et l'ail. Préparez une farce
avec la pomme de terre écrasée mélangée à 125 g (4 ½ oz) de fromage de
chèvre, 2,5 ml (½ c. à t.) de copeaux de piments secs, 2 échalotes finement
émincées et 5 ml (1 c. à t.) de menthe finement ciselée.

Piquillos farcis à la chair de crabe
Suivez la recette de base, en supprimant la morue. Préparez une farce avec
la pomme de terre écrasée mélangée à 100 g (3 ½ oz) de chair de crabe
émiettée, 1 piment émincé, ½ bouquet de coriandre fraîche finement émincée
et le jus de 1 citron vert.

Piquillos farcis au jambon et au riz
Suivez la recette de base, en remplaçant la pomme de terre et la morue
par 100 g (½ tasse) de riz cuit, 125 g (4 ½ oz) de jambon haché et 5 ml
(1 c. à t.) de paprika.

Tapas variadas
Tapas variées

Des tartines grillées ou du bon pain frais tout chaud

accompagnent à merveille une tapenade

ou un fromage crémeux et fondant.

Il faut aussi compter avec la chapelure, qui donne

du croquant à d'irrésistibles petits amuse-bouches.

Purée de fèves

Pour 4 personnes

En réalité, ce plat représente bien plus qu'une simple purée de fèves. Imaginez de l'ail rôti, doux et crémeux, écrasé avec du romarin frais, des fèves et de l'huile d'olive, le tout servi sur du pain chaud et croustillant. Quel délice !

1 tête d'ail	500 g (1 lb) de fèves, épluchées et bouillies
Sel et poivre noir fraîchement moulu	30 cl (1 1/5 tasse) d'huile d'olive
1 brin de romarin, finement ciselé	+ 1 filet pour la cuisson
	et la présentation

Préchauffez le four à 350 °F (180 °C). Étêtez la tête d'ail de manière à en exposer les gousses ; salez-la et poivrez-la, puis disposez-la sur un plat de cuisson garni d'une feuille de papier sulfurisé. Arrosez d'un filet d'huile d'olive et enfournez 25 min ; les gousses d'ail doivent être tendres.

Lorsque la tête d'ail a suffisamment refroidi, pressez-la pour en extraire la chair. Mixez l'ail rôti avec le romarin, les fèves chaudes, du sel et du poivre, jusqu'à obtention d'un ensemble crémeux. Incorporez progressivement l'huile d'olive à la préparation tout en mixant.

Transvasez la préparation dans une casserole ; ajoutez-y un peu d'eau et faites chauffer 2 à 3 min ; la purée doit être bien chaude. Servez dans un bol, arrosez d'un trait d'huile d'olive et accompagnez de pain chaud et croustillant.

Voir variantes p. 60

Pain à la tomate

Pour 4 personnes

On connaît la *bruschetta* italienne : du pain frotté à l'ail, arrosé d'huile d'olive, puis garni d'une simple salade de tomates. En Espagne, on fait quasiment la même chose, différemment et – à mon sens – avec un meilleur résultat. Le pain est traité de manière identique, mais on choisit des tomates fraîches et très mûres que l'on écrase littéralement contre les tranches pour les en imprégner.

4 tranches épaisses de pain de campagne
2 gousses d'ail, coupées en deux
2 belles tomates très mûres (mûries sur pied,
   de préférence), coupées en deux

75 ml (5 c. à s.) d'huile d'olive extravierge
Sel et poivre noir fraîchement moulu

Faites chauffer à blanc une grande poêle-gril. Mettez-y à griller les tranches de pain 1 min de chaque côté ; elles doivent être colorées.

Alors que les tranches de pain sont encore chaudes, frottez chacune d'entre elles avec ½ gousse d'ail, puis la face coupée de ½ tomate, comme si vous vouliez imprégner le toast de la chair de la tomate.

Arrosez légèrement d'huile d'olive, puis salez et poivrez avant de servir.

Voir variantes p. 61

Tapenade d'olives noires aux anchois

Pour 4 personnes

La tapenade faite avec des olives seules est délicieuse, mais l'adjonction de quelques anchois et de quelques câpres fait toute la différence et donne une dimension particulière à cette célèbre pâte à tartiner.

150 à 180 g (¾ à 1 tasse) d'olives noires
    dénoyautées, égouttées
15 ml (1 c. à s.) de câpres, rincées et égouttées
1 trait de jus de citron

4 c. à s. (¼ tasse) d'huile d'olive extravierge
    + 1 filet pour la présentation
½ bocal de filets d'anchois à l'huile, égouttés
Poivre noir, fraîchement moulu

Mettez tous les ingrédients dans le bol d'un robot électrique et mixez jusqu'à obtention d'une pâte légèrement granuleuse. Agrémentez la préparation d'un peu plus d'huile d'olive et servez-la sur de petits toasts.

Voir variantes p. 62

Canapés de chèvre chaud aux figues

Pour 4 personnes

Nul doute que vous serez conquis par ce mariage de fromage de chèvre frais et de figues présenté sur des toasts. Cette préparation constitue aussi un excellent en-cas au moment du déjeuner.

4 figues mûres, coupées en quatre
4 tranches de pain de campagne
30 ml (2 c. à s.) d'huile d'olive

200 g (7 oz) de fromage de chèvre frais
Poivre noir, fraîchement moulu

Préchauffez le gril à puissance maximale. Disposez les figues et les tranches de pain dans un plat, arrosez-les d'un peu d'huile d'olive, puis passez-les sous le gril 2 min environ ; la face supérieure des tranches de pain doit être dorée.

Au sortir du four, retournez les tranches de pain (il n'y a pas lieu de faire de même pour les figues) et garnissez-les de fromage de chèvre frais. Poursuivez la cuisson au gril 4 min environ ; le fromage doit être doré, mais ne doit pas couler.

Disposez les toasts de chèvre dans un plat de service. Garnissez-les de figues et poivrez légèrement le tout. Servez sans attendre.

Voir variantes p. 63

Olives farcies rissolées

Pour 4 personnes

Les olives, qui comptent parmi les amuse-bouches les plus courants, prennent une allure nettement plus originale quand elles sont apprêtées comme indiqué dans cette recette.

200 g (7 oz) de fromage frais crémeux, à température ambiante
100 g (3 ½ oz) de ricotta, à température ambiante
7,5 ml (1 ½ c. à t.) de zeste de citron
20 grosses olives vertes dénoyautées, rincées et soigneusement épongées

85 g (5/8 tasse) de farine tout usage
1 œuf
30 g (¼ tasse) de chapelure
Huile végétale pour la cuisson
Sel

Dans un saladier, mélangez le fromage, la ricotta et le zeste de citron. Transvasez cette préparation dans une poche à douille et farcissez-en les olives.

Mettez la farine dans un petit saladier, battez l'œuf en omelette dans un deuxième et versez la chapelure dans un troisième. Farinez les olives, puis passez-les dans l'œuf battu avant de les rouler dans la chapelure ; elles doivent en être uniformément enrobées.

Remplissez une poêle à bords hauts d'huile végétale jusqu'à mi-hauteur et faites-la chauffer à feu vif. Mettez-y les olives et faites-les revenir 2 à 3 min. Égouttez-les sur du papier absorbant. Disposez-les dans un plat et salez légèrement avant de servir.

Voir variantes p. 64

Rillettes de canard, pâte de coings

Pour 4 personnes

Pour préparer ces rillettes, il faut cuire le canard très doucement. La chair est ensuite émiettée, mélangée à la graisse et au jus de cuisson, puis tassée dans une terrine. Les rillettes s'accompagnent généralement de cornichons, mais je vous propose de leur donner un petit air hispanique en les servant avec de la pâte de coings et des toasts.

6 cuisses de canard, désossées
  (peau et os réservés)
Sel et poivre noir fraîchement moulu
Noix de muscade, fraîchement moulue
5 ml (1 c. à t.) de poudre de girofle

1 feuille de laurier
Quelques feuilles de sauge fraîche
160 g (5 ½ oz) de pâte de coings,
  coupée en 4 parts

Préchauffez le four à 250 °F (120 °C). Dans une cocotte allant au four, disposez la chair, les os et la peau du canard. Ajoutez-y le sel, le poivre, la noix de muscade, la poudre de girofle, la feuille de laurier, les feuilles de sauge et 25 cl (1 tasse) d'eau. Enfournez la cocotte en bas du four et laissez cuire 3 h environ ; le gras doit fondre et la viande se déliter.

Égouttez la préparation. Réservez le jus et la graisse de cuisson. Jetez les os, la peau et la feuille de laurier. À l'aide d'une fourchette, émiettez la viande. Rectifiez l'assaisonnement si besoin, puis tassez la chair émiettée dans 4 petits ramequins (des petits bocaux en verre munis d'un couvercle feront aussi l'affaire). Versez dans chaque contenant un peu de graisse de cuisson fondue ; la surface de chaque terrine doit être recouverte d'une bonne couche de matière grasse. Réfrigérez 1 h environ, pour permettre à la graisse de figer.

Servez les rillettes bien fraîches, directement dans les ramequins, accompagnées de toasts très fins et de pâte de coings. Cette préparation se conserve 5 jours au réfrigérateur.

Voir variantes p. 65

Tartare de maquereau, sauce au raifort

Pour 4 personnes

L'association du maquereau et du raifort est tout simplement magique, le moelleux du poisson équilibrant le caractère relevé du raifort. Vous pouvez aussi utiliser de la sauce au raifort du commerce.

Pour le tartare de maquereau
4 filets de maquereau, débarrassés de la peau
    et des arêtes (environ 425 g [15 oz])
30 ml (2 c. à s.) de câpres, finement hachées
2 petites échalotes, finement émincées
60 ml (4 c. à s.) de persil frais, finement ciselé
5 ml (1 c. à t.) de gingembre frais,
    finement haché
Le jus de 1 citron
Sel et poivre noir fraîchement moulu

Pour la sauce au raifort
20 ml (4 c. à t.) de raifort frais, râpé
5 ml (1 c. à t.) de sucre
5 ml (1 c. à t.) de sel
2,5 ml (½ c. à t.) de poivre noir,
    fraîchement moulu
10 ml (2 c. à t.) de moutarde
5 ml (1 c. à t.) de vinaigre de malt
75 ml (5 c. à s.) de crème fraîche Liberté
Pain de campagne, coupé en fines tranches

Nettoyez les filets de maquereau ; débarrassez-les des arêtes à l'aide d'une petite pince. Coupez le poisson en très petits dés. Mettez-le dans un saladier avec les câpres, les échalotes, le persil, le gingembre et le jus de citron. Salez et poivrez à votre convenance. Mélangez bien, couvrez et réservez 30 min maximum au réfrigérateur ; le jus de citron va «cuire» le poisson.

Pendant ce temps, mélangez le raifort avec le sucre, le sel, le poivre, la moutarde et le vinaigre. Ajoutez la crème progressivement (15 ml [1 c. à s.] à la fois), en mélangeant délicatement et en veillant à ce qu'elle ne tourne pas. Servez le tartare sur des toasts chauds avec de la crème au raifort.

Voir variantes p. 66

Croquettes au manchego et au serrano

Pour 4 personnes

Ces petites croquettes sont à base d'une sauce béchamel épaisse et très parfumée.
On en fait de petites boulettes, que l'on fait frire après les avoir enrobées de chapelure.

125 g (³/₅ tasse) de beurre
½ petit oignon, râpé
125 g (⅞ tasse) de farine
12 cl (½ tasse) de lait entier
2,5 ml (½ c. à t.) de noix de muscade,
    fraîchement râpée
Sel et poivre noir fraîchement moulu

60 g (2 oz) de jambon serrano,
    coupé en dés de 0,5 cm (¼ po) de côté
90 g (3 oz) de manchego, finement râpé
2 œufs, battus avec un peu d'eau
125 g (1 tasse) de chapelure
Huile végétale, pour la friture

Dans une poêle, faites revenir l'oignon à feu moyen dans le beurre. Ajoutez la moitié de la farine en pluie et poursuivez la cuisson 1 min en mélangeant. Hors du feu, incorporez progressivement le lait en fouettant pour éviter les grumeaux. Poursuivez la cuisson en remuant ; la sauce doit épaissir. Ajoutez la muscade, le sel, le poivre, le jambon et le manchego. Transvasez la préparation dans un plat creux, couvrez et réservez 3 h au frais ; la pâte doit figer. Dans trois saladiers, mettez le reste de farine, les œufs et la chapelure. À l'aide de 2 cuillères, façonnez des boulettes de pâte de 4 cm (1 ½ po) de diamètre. Farinez-les, passez-les dans l'œuf, puis dans la chapelure ; à chaque étape, elles doivent être uniformément enrobées. Remplissez une poêle à bords hauts d'huile végétale jusqu'à mi-hauteur et faites-la chauffer à feu vif. Faites-y frire 3 min les croquettes (trois par trois), en les retournant en cours de cuisson ; elles doivent être dorées. Égouttez-les sur du papier absorbant. Salez et servez.

Voir variantes p. 67

Croquettes aux épinards

Pour 4 personnes

Les tapas végétariennes vraiment appétissantes sont assez rares, mais ces onctueuses croquettes aux épinards sont tout simplement délicieuses et séduiront toutes les papilles.

125 g (³/₅ tasse) de beurre
125 g (⁷/₈ tasse) de farine
12 cl (½ tasse) de lait entier
2,5 ml (½ c. à t.) de noix de muscade, fraîchement râpée
2,5 ml (½ c. à t.) de piment de Cayenne
Sel et poivre noir fraîchement moulu

125 g (4 ½ oz) de parmesan, fraîchement râpé
150 g (⁴/₅ tasse) d'épinards frais, cuits, égouttés et bien pressés (pour les débarrasser de l'eau)
2 œufs, battus avec un peu d'eau
125 g (1 tasse) de chapelure
Huile végétale, pour la friture

Dans une poêle, faites fondre le beurre à feu moyen. Ajoutez la moitié de la farine en pluie et poursuivez la cuisson 1 min en mélangeant. Hors du feu, incorporez peu à peu le lait en fouettant pour éviter les grumeaux. Poursuivez la cuisson en remuant ; la sauce doit épaissir. Hors du feu, ajoutez la muscade, le piment, le sel, le poivre, le parmesan et les épinards. Transvasez la préparation dans un plat creux, couvrez et réservez 3 h au frais ; la pâte doit figer.

Dans 3 saladiers, mettez le reste de farine, les œufs et la chapelure. À l'aide de 2 cuillères, façonnez la pâte en petites croquettes ovoïdes. Farinez-les, passez-les dans l'œuf, puis dans la chapelure ; à chaque étape, elles doivent être uniformément enrobées.

Remplissez une poêle à bords hauts d'huile végétale jusqu'à mi-hauteur et faites-la chauffer à feu vif. Mettez-y les croquettes à frire trois par trois, en les retournant en cours de cuisson ; elles doivent être dorées. Égouttez-les sur du papier absorbant, puis servez sans attendre.

Voir variantes p. 68

Œufs croustillants sur canapés aux champignons sauvages et à la truffe

Pour 4 personnes

Sautés à l'ail et au vin blanc, puis rehaussés d'huile parfumée à la truffe, les champignons sauvages sont délicieux. Ajoutez des œufs de caille frits et ce sera sensationnel.

60 ml (4 c. à s.) d'huile d'olive
4 œufs de caille
60 ml (4 c. à s.) de beurre doux
1 petite gousse d'ail, écrasée

550 g (20 oz) de champignons divers (cèpes, chanterelles, matsutakes...), nettoyés
45 ml (3 c. à s.) de vin blanc demi-sec
4 tranches épaisses de pain complet, grillées
1 filet d'huile parfumée à la truffe blanche

Dans une poêle à fond épais, faites chauffer l'huile jusqu'à ce qu'elle soit très chaude ; elle doit être luisante en surface. Faites-y frire les œufs de caille 1,5 min environ (attention aux éclaboussures !) ; le blanc doit être croustillant sur le dessous et le jaune doit rester liquide. Égouttez-les sur du papier absorbant.

Dans une autre poêle, faites fondre le beurre à feu vif, en évitant de le faire brûler. Faites-y revenir l'ail 30 s environ, puis ajoutez les champignons. Poursuivez la cuisson à feu vif 2 à 3 min ; les champignons ne doivent pas flétrir. Mouillez les champignons avec le vin blanc et attendez que le liquide s'évapore (30 s environ).

Disposez les champignons sur des toasts de pain complet. Surmontez chaque toast d'un œuf de caille frit, arrosez le tout d'un peu d'huile parfumée à la truffe et servez sans attendre.

Voir variantes p. 69

Variantes

Purée de fèves

Recette de base p. 41

Purée de pois chiches
Suivez la recette de base, en remplaçant les fèves par des pois chiches cuits
agrémentés du jus de ½ citron.

Purée de haricots blancs
Suivez la recette de base, en remplaçant les fèves par des haricots blancs
cuits.

Purée de fèves à la burrata
Suivez la recette de base, en servant la purée à température ambiante
sur des toasts, avec de la burrata bien crémeuse.

Purée de fèves à la menthe
Suivez la recette de base, en ajoutant une petite poignée de feuilles
de menthe fraîche aux ingrédients, avant de les mixer.

Variantes

Pain à la tomate

Recette de base p. 43

Bruschetta
Suivez la recette de base, mais au lieu d'écraser la tomate sur le pain, concassez-la en petits dés, ajoutez-y un peu d'huile d'olive et de basilic frais finement ciselé et garnissez les toasts de cette préparation.

Pain à la tapenade
Suivez la recette de base, en supprimant les tomates et en garnissant chaque tartine grillée de 5 ml (1 c. à t.) de tapenade (du commerce ou préparée selon la recette p. 44).

Pain à l'ail
Suivez la recette de base, en supprimant les tomates. Arrosez plus généreusement le pain d'huile d'olive.

Pain à l'ail grillé
Suivez la recette de base, en supprimant les tomates et l'ail cru. Garnissez chaque toast de 2 ou 3 gousses d'ail rôties.

Tapenade d'olives noires aux anchois

Recette de base p. 44

Tapenade d'olives vertes aux anchois
Suivez la recette de base, en remplaçant les olives noires par des olives vertes.

Tapenade simple
Suivez la recette de base, en supprimant les câpres et les anchois.

Tapenade d'olives noires aux anchois et aux herbes
Suivez la recette de base, en ajoutant aux ingrédients 5 ml (1 c. à t.) de persil ciselé, 5 ml (1 c. à t.) de menthe ciselée et 5 ml (1 c. à t.) de cerfeuil ciselé, avant de les réduire en purée.

Tapenade d'olives noires aux anchois et au citron
Suivez la recette de base, en ajoutant aux ingrédients le zeste et le jus de 1 citron, avant de les réduire en purée.

Variantes

Canapés de chèvre chaud aux figues

Recette de base p. 47

Canapés de chèvre chaud aux figues et au jambon
Suivez la recette de base, en disposant joliment 1 tranche de jambon serrano
sur chaque tartine.

Canapés de chèvre chaud au jambon serrano
Suivez la recette de base, en supprimant les figues et en agrémentant
chaque tartine de 1 tranche de jambon serrano.

Canapés de mozzarella aux figues
Suivez la recette de base, en remplaçant le fromage de chèvre par
de la mozzarella.

Canapés de mozzarella aux figues et au jambon
Suivez la recette de base, en remplaçant le fromage de chèvre par
de la mozzarella, et en disposant joliment 1 tranche de jambon serrano
sur chaque tartine.

Olives farcies rissolées

Recette de base p. 48

Olives farcies au gorgonzola
Suivez la recette de base, en remplaçant la ricotta par du gorgonzola.

Olives farcies au parmesan
Suivez la recette de base, en remplaçant la ricotta par du parmesan.

Olives farcies aux herbes
Suivez la recette de base, en agrémentant la préparation au fromage de 15 ml (1 c. à s.) d'herbes aromatiques fraîches.

Olives farcies aux épices
Suivez la recette de base, en agrémentant la préparation au fromage de 2,5 ml (½ c. à t.) de copeaux de piments secs.

Variantes

Rillettes de canard, pâte de coings

Recette de base p. 51

Rillettes de canard classiques
Suivez la recette de base, en remplaçant la pâte de coings par des cornichons et de petits oignons confits.

Rillettes de canard aux herbes, pâte de coings
Suivez la recette de base, en agrémentant la chair de canard émiettée de 15 ml (1 c. à s.) d'estragon ciselé et de 15 ml (1 c. à s.) de cerfeuil frais finement ciselé.

Rillettes de canard aux câpres, pâte de coings
Suivez la recette de base, en agrémentant la chair de canard émiettée de 5 ml (1 c. à t.) de câpres.

Rillettes de porc, pâte de coings
Suivez la recette de base, en remplaçant le canard par environ 500 g (18 oz) de poitrine de porc. Disposez la viande, peau en dessous, dans le plat de cuisson et enfournez 4 h.

Tartare de maquereau, sauce au raifort

Recette de base p. 52

Tartare de maquereau à l'avocat
Suivez la recette de base, en remplaçant la sauce au raifort par 1 avocat
bien mûr, écrasé avec le jus de ½ citron vert et salé à votre convenance.

Tartare de saumon, sauce au raifort
Suivez la recette de base, en remplaçant le maquereau par du filet
de saumon frais.

Tartare de thon à l'avocat
Suivez la recette de base, en remplaçant le maquereau par du filet de thon
frais, et la sauce au raifort par 1 avocat bien mûr, écrasé avec le jus
de ½ citron vert et salé à votre convenance.

Tartare de bar à l'aneth et aux câpres
Suivez la recette de base, en remplaçant le maquereau par du filet de bar
frais, et la sauce au raifort par de la crème fraîche agrémentée de
5 ml (1 c. à t.) d'aneth frais, 5 ml (1 c. à t.) de câpres hachées et le jus de
½ citron.

Variantes

Croquettes au manchego et au serrano

Recette de base p. 55

Croquettes au manchego
Suivez la recette de base, en supprimant le jambon.

Croquettes au jambon serrano
Suivez la recette de base, en supprimant le manchego.

Croquettes au manchego et aux crevettes
Suivez la recette de base, en remplaçant le jambon serrano par la même quantité de petites crevettes.

Croquettes de bœuf au zamorano
Suivez la recette de base, en remplaçant le jambon serrano par la même quantité de bœuf cuit haché et le manchego par du zamorano (un fromage de brebis espagnol, assez dur, plus riche et au goût plus prononcé que le manchego).

Croquettes aux épinards

Recette de base p. 56

Croquettes aux épinards et aux truffes

Suivez la recette de base, en agrémentant la pâte de 5 ml (1 c. à t.) d'huile
parfumée à la truffe blanche (ou de pâte à la truffe blanche).

Croquettes aux épinards et au jambon

Suivez la recette de base, en ajoutant à la pâte 60 g (2 oz) de jambon
serrano finement haché, en même temps que les épinards.

Croquettes aux quatre fromages

Suivez la recette de base, en supprimant les épinards et la moitié
du parmesan. Agrémentez la pâte de 25 g (1 oz) de manchego râpé,
55 g (2 oz) de mozzarella râpée et 55 g (2 oz) de bleu émietté.

Croquettes aux quatre fromages et à la truffe

Réalisez la variante ci-dessus, en agrémentant la pâte de 5 ml (1 c. à t.)
d'huile parfumée à la truffe blanche (ou de pâte à la truffe blanche).

Variantes

Œufs croustillants sur canapés aux champignons sauvages et à la truffe

Recette de base p. 59

Œufs croustillants sur canapés aux champignons sauvages
Suivez la recette de base, en supprimant l'huile parfumée à la truffe.

Œufs croustillants sur canapés aux champignons sauvages, au parmesan et à la truffe
Suivez la recette de base, en agrémentant les champignons de 30 ml (2 c. à s.) de parmesan râpé en fin de cuisson.

Canapés aux champignons sauvages et à la truffe
Suivez la recette de base, en supprimant les œufs.

Œufs croustillants sur canapés aux champignons sauvages, aux herbes et à la truffe
Suivez la recette de base, en agrémentant les champignons de 15 ml (1 c. à s.) de persil frais et 15 ml (1 c. à s.) de cerfeuil frais (ciselés), 1 min avant la fin de la cuisson.

Pescado
y mariscos
Tapas de la mer

Il n'y a rien de plus typiquement espagnol

que des gambas charnues, des palourdes à l'ail et

aux épices, ou encore des calamars merveilleusement

tendres. Les tapas de fruits de mer offrent

un festival de saveurs et de textures,

qui séduisent les sens.

Fritto misto

Pour 4 personnes

Mélange de viandes, de poissons ou de légumes frits, le *fritto misto* fait partie des tapas traditionnelles. Cette recette-ci mêle des calamars, de la blanchaille et des crevettes avec des rondelles de courgettes croquantes, qui rehaussent l'ensemble.

1 l (4 tasses) d'huile d'olive
110 g (4 oz) de calamars, en rondelles
250 g (9 oz) de blanchaille
8 grosses crevettes crues, décortiquées
  (avec la queue)

2,5 ml (½ c. à t.) de sel
2,5 ml (½ c. à t.) de poivre blanc
85 g (5/8 tasse) de farine
1 petite courgette, coupée en fines rondelles
2 citrons, coupés en quartiers

Préchauffez le four à 300 °F (150 °C). Tapissez le fond d'un grand plat de cuisson de plusieurs couches de papier absorbant.

Dans une friteuse ou une grande casserole, faites chauffer l'huile d'olive à feu vif. Vérifiez qu'elle est à la bonne température en y jetant un dé de pain ; celui-ci doit brunir en 1 min.

Salez légèrement les fruits de mer et la blanchaille. Dans un saladier, mélangez le sel, le poivre et la farine. En procédant par fournées – quelques pièces à la fois –, farinez les fruits de mer, la blanchaille et les courgettes, puis faites-les frire 1 min environ ; ils doivent être croquants et légèrement dorés. Sortez les fritures de l'huile à l'aide d'une écumoire et disposez-les sur le papier absorbant pour les débarrasser de l'excès d'huile. Réservez au chaud pendant que vous préparez le reste des fritures. Servez chaud avec des quartiers de citron.

Voir variantes p. 90

Gambas pil pil

Pour 4 personnes

Selon la tradition espagnole, ces gambas doivent arriver sur la table *pil-pileando*, ce qui signifie que l'huile rouge dans laquelle elles baignent doit bouillonner et gicler un peu partout. Si vous ne trouvez pas de gambas, des crevettes royales roses feront parfaitement l'affaire.

12 gambas crues, décortiquées
   et nettoyées
5 ml (1 c. à t.) de sel
8 cl (1/3 tasse) d'huile d'olive extravierge
2 gousses d'ail, finement émincées

1 morceau (3 cm [1 po]) de piment rouge sec,
   épépiné et émincé
1 petite pincée de paprika
15 ml (1 c. à s.) de persil frais, finement ciselé

Mettez les crevettes dans un saladier et salez-les légèrement. Réservez 15 min, puis épongez-les soigneusement.

Dans une poêle de taille moyenne, faites chauffer l'huile à feu vif et mettez-y l'ail et le piment à revenir, en remuant régulièrement. Dès que l'ail est doré, ajoutez les crevettes et continuez de remuer ; elles doivent être juste cuites (2 min de cuisson). Environ 30 s avant la fin de la cuisson, saupoudrez de paprika et de persil ciselé. Transvasez les crevettes et leur huile de cuisson dans un grand plat. Accompagnez-les de pain pour que les convives puissent saucer l'huile de cuisson.

Voir variantes p. 91

Beignets de morue, aïoli au safran

Pour 4 personnes

Les pays bordant l'Atlantique pratiquent le salage de la morue depuis près d'un demi-siècle. Trempée et dessalée, celle-ci révèle une saveur délicieusement subtile. Aujourd'hui menacée par la surpêche, elle est parfois remplacée en cuisine par du colin.

Pour l'aïoli

2 jaunes d'œufs
1 pincée de sel
3 gousses d'ail, pelées et écrasées
Le jus de 1 citron
25 cl (1 tasse) d'huile d'olive extravierge
12 cl (½ tasse) d'huile de colza
20 brins de safran, trempés dans 15 ml
    (1 c. à s.) d'eau bouillante

Pour les beignets

250 g (9 oz) de morue salée
1 feuille de laurier
200 g (1 tasse) de purée de pommes de terre
    (une variété farineuse, comme la russet)
60 ml (4 c. à s.) de lait ou de crème
3 échalotes, finement émincées
30 ml (2 c. à s.) de persil, finement ciselé
3 œufs fermiers (blancs et jaunes séparés)
Sel et poivre noir fraîchement moulu
Huile végétale pour la friture

Préparez l'aïoli (de préférence avec un fouet électrique) : dans un saladier, mettez les 2 jaunes d'œufs, le sel, l'ail et le jus de citron. Fouettez vigoureusement, puis incorporez les huiles progressivement et lentement. Ajoutez les brins de safran avec leur eau de trempage. Recouvrez d'un film alimentaire et mettez au frais (l'aïoli peut se conserver 2 jours).

Faites dessaler la morue 12 à 24 h dans de l'eau froide, en changeant l'eau une fois. Égouttez-la, rincez-la, mettez-la dans une casserole avec 1 feuille de laurier, recouvrez d'eau, puis portez à ébullition. Sortez du feu et réservez 5 min. Égouttez la morue, laissez-la refroidir, puis émiettez-la, en prenant soin d'enlever la peau et les arêtes. Dans un saladier, mélangez

à la fourchette le poisson émietté, la purée, le lait, les échalotes, le persil et les jaunes d'œufs, jusqu'à obtention d'un ensemble homogène. Salez. Fouettez les blancs en neige ferme, puis incorporez-les délicatement à la préparation. Remplissez une poêle à bords hauts au tiers de sa hauteur avec de l'huile et faites chauffer à feu assez vif ; l'huile est chaude quand un dé de pain y dore en 1 min. Façonnez l'appareil en forme de boulettes. Faites-les dorer dans l'huile, égouttez-les sur du papier absorbant, puis servez-les chaudes avec l'aïoli.

Voir variantes p. 92

Gambas à l'ail et au paprika fumé

Pour 4 personnes

Cette recette incarne la simplicité de la cuisine espagnole rustique. Les saveurs piquantes
de la marinade se marient magnifiquement avec la chair des gambas, auxquelles
la grillade apporte, de son côté, une texture croustillante et des notes de fumé.
Pour cette recette, les crevettes roses peuvent faire l'affaire, mais rien ne vaut les gambas
ou les crevettes royales.

4 gambas, débarrassées de leur tête, nettoyées,
  mais non décortiquées
5 ml (1 c. à t.) de sel
3 gousses d'ail, finement émincées

2,5 ml (½ c. à t.) de paprika fumé
30 ml (2 c. à s.) d'huile d'olive
Le zeste et le jus de 1 citron

Dans un saladier, mettez les gambas avec le sel, l'ail, le paprika, l'huile d'olive et le zeste
de citron. Mélangez bien et réservez 15 min environ.

Faites chauffer une poêle-gril (ou le barbecue), jusqu'à ce qu'il s'en échappe de la fumée.
Faites-y cuire les gambas 2 à 3 min de chaque côté ; les crustacés doivent être grillés
à l'extérieur et moelleux à cœur. En fin de cuisson, arrosez d'un trait de jus de citron.
Transvasez les gambas dans un plat et dégustez sans attendre, avec les doigts de préférence.

Voir variantes p. 93

Sardines grillées au sel de romarin

Pour 4 personnes

Le romarin se marie magnifiquement avec les poissons gras. Demandez à votre poissonnier d'ouvrir les sardines sur la longueur et d'en enlever l'arête centrale. Vous pourrez ainsi servir ces petits poissons en entier sur des toasts et les déguster très facilement. Quel régal !

2 brins de romarin
5 ml (1 c. à t.) de sel
4 tranches de pain de campagne

Huile d'olive extravierge
8 sardines fraîches, en filets

Détachez les feuilles de romarin de leur tige et ciselez-les très finement. Mélangez-les avec le sel, puis écrasez le mélange dans un mortier à l'aide d'un pilon ; l'huile du romarin doit teinter les cristaux de sel d'un vert léger. Réservez.

Faites chauffer une poêle-gril à feu vif, jusqu'à ce qu'il s'en échappe de la fumée. Faites-y griller le pain de campagne ; les tranches doivent être dorées sur leurs deux faces. Disposez-les dans une assiette et arrosez-les d'un trait d'huile d'olive.

Assaisonnez les sardines avec la moitié du sel de romarin, puis disposez-les dans la poêle-gril, peau en dessous. Faites-les cuire 1 à 2 min de chaque côté. Sortez-les du feu et garnissez chaque tartine de 2 sardines grillées. Parsemez le tout du reste de sel de romarin, puis servez sans attendre.

Voir variantes p. 94

Calamars grillés à l'ail, à l'orange et au paprika fumé

Pour 4 personnes

Pour réaliser cette recette et obtenir des calamars tendres à cœur, il faut que la poêle soit très chaude. Pour éviter qu'ils soient caoutchouteux, faites-les cuire rapidement à feu très vif ou mijoter longtemps à feu doux.

1 gros calamar (environ 500 g [1 lb]), nettoyé
2,5 ml (½ c. à t.) de sel
3 gousses d'ail, finement hachées

Le zeste de 1 orange
2,5 ml (½ c. à t.) de paprika fumé fort
30 ml (2 c. à s.) d'huile d'olive

Ouvrez le calamar sur le côté. Lavez-le, puis épongez-le soigneusement. Avec la pointe d'un couteau tranchant, dessinez des croisillons sur toute la surface de sa chair. Coupez-le en 4 morceaux. Mettez le calamar dans un saladier avec le sel, l'ail, le zeste d'orange, le paprika et l'huile d'olive. Laissez mariner 5 min.

Faites chauffer une poêle-gril à feu vif, jusqu'à ce qu'elle fume. Mettez-y les morceaux de calamar à griller (je les tasse généralement avec le dos d'une autre poêle, pour éviter qu'ils se replient). Faites-les cuire 1 à 2 min de chaque côté. Découpez les morceaux de calamar en losanges de 2,5 cm (1 po) de côté et servez sans attendre.

Voir variantes p. 95

Palourdes au chorizo, à l'ail et au piment

Pour 4 personnes

Les palourdes et le chorizo se marient bien, la texture charnue de la charcuterie rehaussant délicieusement les fruits de mer. Je conseille de servir cette préparation dans un grand plat et de l'accompagner de pain croustillant pour saucer le jus de cuisson.

500 g (1 lb) de petites palourdes
15 ml (1 c. à s.) d'huile d'olive extravierge
100 g (3 ½ oz) de chorizo, coupé en dés

2 gousses d'ail, finement émincées
1 piment rouge, finement émincé

Nettoyez les palourdes sous l'eau froide et jetez celles qui sont cassées. Dans une casserole munie d'un couvercle, faites chauffer l'huile et faites-y revenir le chorizo 3 min ; il doit être doré. Ajoutez ensuite l'ail et le piment, puis les palourdes lavées. Poursuivez la cuisson à couvert 3 min environ. Dès que les coquillages sont ouverts, transvasez-les dans un plat creux et servez sans attendre.

Voir variantes p. 96

Pétoncles au boudin et à la sauge

Pour 4 personnes

Ce plat très original est tout simplement sensationnel. La douce saveur des pétoncles s'y mêle merveilleusement aux notes légèrement ferrugineuses de la morcilla (boudin espagnol) et au parfum particulier de la sauge.

15 ml (1 c. à s.) de beurre
Quelques feuilles de sauge fraîche
8 gros pétoncles

2 (100 g [3 ½ oz]) boudins espagnols
(type morcilla), coupés en 4 tronçons chacun

Faites chauffer la poêle à feu vif et faites-y fondre le beurre. Dès que celui-ci commence à mousser, mettez-y les feuilles de sauge et les pétoncles. Laissez-les caraméliser ; ne les retournez qu'après 1 à 2 min de cuisson et laissez-les cuire le même laps de temps sur l'autre face. Si les feuilles de sauge font mine de brûler, sortez-les de la poêle avant que les pétoncles ne soient prêts. Sortez les pétoncles de la poêle quand ils sont bien dorés ; ils doivent demeurer opaques à cœur.

Dans la poêle, faites revenir les morceaux de morcilla 1 à 2 min ; ils doivent être croustillants à l'extérieur et moelleux à cœur. Dans un grand plat, servez les pétoncles sur les tronçons de morcilla, le tout parsemé de feuilles de sauge.

Voir variantes p. 97

Paella aux fruits de mer et au poulet

Pour 4 personnes

La paella est le plat emblématique de l'Espagne et son intérêt tient, entre autres, au fait que vous pouvez y ajouter tous les ingrédients parfumés qui vous tentent. Alors, innovez !

60 ml (4 c. à s.) d'huile d'olive
180 g (6 oz) de chorizo, coupé en fines rondelles
2 gousses d'ail, finement émincées
1 gros oignon, finement émincé
1 poivron rouge, coupé en dés
2 grosses tomates, épépinées et concassées
Copeaux de piments rouges secs
200 g (7 oz) de riz à paella
5 ml (1 c. à t.) de paprika fumé
12 cl (½ tasse) de vin blanc sec

50 cl (2 tasses) de bouillon de volaille, chauffé
    avec 1,25 ml (¼ de c. à t.) de brins de safran
Sel et poivre noir fraîchement moulu
8 cuisses de poulet, chacune coupée en deux
8 petites palourdes crues, nettoyées
150 g (⅘ tasse) de petits pois surgelés
1 tête d'ail, les gousses séparées et pelées
6 crevettes roses, non décortiquées
450 g (1 lb) de calamars, nettoyés et en rondelles
15 ml (1 c. à s.) de persil plat frais, finement ciselé

Dans un plat à paella ou une grande poêle à fond épais, faites chauffer la moitié de l'huile et faites-y revenir le chorizo ; il doit être croustillant. Ajoutez l'ail, l'oignon et le poivron. Dès que les légumes sont tendres, ajoutez les tomates, le piment et le riz, et mélangez en veillant à ce que le riz soit bien enrobé. Ajoutez le paprika et le vin ; dès que le mélange bouillonne, mouillez avec le bouillon de volaille. Salez et poivrez. Dans une autre poêle, faites chauffer 15 ml (1 c. à s.) d'huile et faites-y revenir le poulet ; dès qu'il est doré, ajoutez-le à la paella et poursuivez la cuisson 10 min. Ajoutez les palourdes en enfonçant légèrement leur charnière dans le riz, pour qu'elles s'ouvrent à la cuisson. Ajoutez les petits pois et poursuivez la cuisson 10 min à feu doux et à découvert. Pendant ce temps, dans une autre poêle, faites revenir les gousses d'ail dans le reste d'huile, puis ajoutez les crevettes ; après 1 à 2 min de cuisson, ajoutez-les à la paella. Répétez l'opération avec les calamars. Parsemez le plat de persil et servez.

Voir variantes p. 98

Paella à l'encre et aux calamars

Pour 4 personnes

Ne vous laissez pas rebuter par l'aspect de l'encre de calamar. C'est un ingrédient couramment utilisé dans la cuisine méditerranéenne, prisé pour ses subtils arômes de fer.

45 ml (3 c. à s.) d'huile d'olive
4 échalotes, pelées et finement émincées
4 gousses d'ail, finement émincées
1 piment rouge, finement émincé
225 g (8 oz) de calamars, nettoyés et coupés en
    deux + 2 petits calamars nettoyés, pour le décor
200 g (7 oz) de riz à paella
18 cl (¾ tasse) de vin blanc sec

60 cl (2 ½ tasses) de bouillon de poisson
1 chou de Bruxelles (facultatif), les feuilles
    seulement
30 ml (2 c. à s.) de persil frais, finement ciselé
75 ml (5 c. à s.) d'encre de calamar
15 ml (1 c. à s.) de beurre
Sel et poivre noir fraîchement moulu

Dans une poêle à fond assez épais, faites chauffer 15 ml (1 c. à s.) d'huile à feu moyen, puis faites-y revenir 1 min les échalotes, 3 gousses d'ail émincées et le piment. Ajoutez les calamars coupés en deux et laissez cuire jusqu'à ce que leur eau s'évapore ; ils doivent être légèrement dorés. Réservez dans un saladier. Dans la même poêle, faites chauffer 15 ml (1 c. à s.) d'huile et mettez-y le riz à revenir 2 à 3 min. Mouillez avec le vin blanc et portez à ébullition. Ajoutez le bouillon de poisson et laissez cuire à découvert 15 min ; le riz doit être pratiquement cuit. Pour la garniture : coupez les 2 petits calamars en rondelles, mais laissez les tentacules tels quels. Dans une poêle, faites chauffer à feu moyen 15 ml (1 c. à s.) d'huile d'olive et 1 gousse d'ail émincée, puis ajoutez les petits calamars ; ils doivent dorer. Pendant les dernières minutes de cuisson, ajoutez les feuilles du chou de Bruxelles. Parsemez de persil et réservez. Mélangez les calamars à l'ail avec le riz, ajoutez l'encre (et du bouillon de poisson, si nécessaire). Le riz doit être cuit. Agrémentez de beurre, salez et poivrez. Parsemez le riz de garniture et servez.

Voir variantes p. 99

Variantes

Fritto misto

Recette de base p. 71

Fritto misto à la patate douce

Suivez la recette de base, en remplaçant la courgette par 1 patate douce
de taille moyenne coupée en rondelles de 0,5 cm (¼ po) d'épaisseur, et en
agrémentant la farine de 2,5 ml (½ c. à t.) de piment de Cayenne et 2,5 ml
(½ c. à t.) de paprika.

Fritto misto aux épices

Suivez la recette de base, en agrémentant la farine de 2,5 ml (½ c. à t.) de
cumin en poudre et 2,5 ml (½ c. à t.) de graines de coriandre moulues.

Fritto misto aux pétoncles

Suivez la recette de base, en remplaçant la blanchaille par 125 g (4 ½ oz) de
petits pétoncles et en agrémentant la farine du zeste râpé de 1 citron.

Friture de légumes

Suivez la recette de base, en remplaçant les fruits de mer par 2 oignons
coupés en rondelles épaisses, ainsi que 2 panais et 2 carottes, pelés et coupés
en bâtonnets.

Variantes

Gambas pil pil

Recette de base p. 73

Poulet pil pil
Suivez la recette de base, en remplaçant les crevettes par 1 blanc de poulet désossé, débarrassé de sa peau et coupé en fines lamelles.

Lotte pil pil
Suivez la recette de base, en remplaçant les crevettes par 1 petit filet de lotte coupé en dés.

Gambas pil pil épicées
Suivez la recette de base, en ajoutant dans la poêle 2,5 ml (½ c. à t.) de cumin en poudre et 2,5 ml (½ c. à t.) de graines de coriandre moulues, en même temps que l'ail et le piment.

Gambas pil pil au gingembre
Suivez la recette de base, en ajoutant dans la poêle 5 ml (1 c. à t.) de gingembre râpé, en même temps que l'ail et le piment. Supprimez le paprika.

Beignets de morue, aïoli au safran

Recette de base p. 74

Beignets de crevettes, aïoli au safran
Suivez la recette de base, en remplaçant la morue salée par 100 g (3 ½ oz)
de crevettes crues hachées.

Beignets de morue, aïoli classique
Suivez la recette de base, en supprimant le safran et l'eau bouillante.

Beignets de morue, aïoli doux
Suivez la recette de base, en remplaçant le safran et l'eau bouillante
par 15 ml (1 c. à s.) de sauce pimentée aigre-douce.

Beignets de morue, aïoli fumé
Suivez la recette de base, en remplaçant le safran par 15 ml (1 c. à s.)
de Tabasco® *chipotle*, pour obtenir un aïoli aux arômes fumés.

Gambas à l'ail et au paprika fumé

Recette de base p. 77

Gambas à l'ail, à la coriandre, à la citronnelle et au citron

Suivez la recette de base, en remplaçant le paprika de la marinade par 15 ml
(1 c. à s.) de coriandre fraîche finement ciselée et un morceau (3 cm [1 po]) de
citronnelle finement haché.

Gambas à l'ail et au poivre rose

Suivez la recette de base, en remplaçant le paprika et le zeste de citron
de la marinade par 7,5 ml (1 ½ c. à t.) de baies de poivre rose moulues.

Gambas à l'ail, au paprika fumé, au citron et au piment

Suivez la recette de base, en agrémentant la marinade de 1 petit piment rouge
haché.

Gambas à l'ail, au gingembre, au piment et à la coriandre

Suivez la recette de base, en remplaçant le paprika et le zeste de citron
de la marinade par 5 ml (1 c. à t.) de gingembre frais râpé, 1 piment vert haché
et 15 ml (1 c. à s.) de coriandre fraîche finement ciselée.

Variantes

Sardines grillées au sel de romarin

Recette de base p. 78

Sardines grillées au sel et au fenouil
Suivez la recette de base, en supprimant le romarin. Disposez des feuilles
de fenouil entre les filets de chaque sardine avant de les replier l'un sur
l'autre pour reconstituer le poisson. Salez normalement avant de faire cuire.

Rougets grillés au sel de romarin
Suivez la recette de base, en remplaçant les sardines par des filets de petits
rougets (2 filets par sardine). Demandez au poissonnier de lever les filets
pour vous.

Sardines grillées au sel de romarin et polenta
Suivez la recette de base, en remplaçant les tranches de pain par des tranches
de polenta grillées. Vous pouvez acheter des blocs de polenta précuite dans
la plupart des supermarchés ; le tranchage est ainsi facilité.

Maquereaux grillés au sel de romarin
Suivez la recette de base, en remplaçant les sardines par des maquereaux.
Demandez à votre poissonnier de lever les filets, que vous frotterez
soigneusement au sel de romarin.

Variantes

Calamars grillés à l'ail, à l'orange et au paprika fumé

Recette de base p. 81

Calamars grillés à l'ail, au piment et à la citronnelle
Suivez la recette de base, en remplaçant le zeste d'orange et le paprika de la marinade par 2,5 ml (½ c. à t.) de copeaux de piments rouges et par un morceau (2 cm [¾ po]) de citronnelle finement haché.

Lotte grillée à l'ail, à l'orange et au paprika fumé
Suivez la recette de base, en remplaçant le calamar par 1 petit filet de lotte coupé en tranches de 1,5 cm (3/5 po) d'épaisseur.

Calamars grillés à l'ail, au citron et à la menthe
Suivez la recette de base, en remplaçant le zeste d'orange et le paprika de la marinade par le zeste de 1 citron, 15 ml (1 c. à s.) de piment rouge haché, 1 petite échalote finement émincée et 15 ml (1 c. à s.) de menthe fraîche finement ciselée.

Calamars grillés à l'ail et au thym citron
Suivez la recette de base, en remplaçant le zeste d'orange et le paprika de la marinade par 5 ml (1 c. à t.) de thym citron finement ciselé. Arrosez les calamars du jus de ½ citron avant de servir.

Variantes

Palourdes au chorizo, à l'ail et au piment

Recette de base p. 82

Palourdes au chorizo, à l'ail, au piment et au thym
Suivez la recette de base, en ajoutant 1 pincée de thym frais dans la poêle
en même temps que l'ail et le piment. Après environ 1 min de cuisson,
ajoutez les palourdes.

Palourdes au chorizo, à l'ail et au piment en sauce au vin
Suivez la recette de base, en faisant d'abord revenir 1 échalote hachée dans
l'huile d'olive. Lorsque l'échalote devient transparente, mouillez avec 15 cl
(5/8 tasse) de vin blanc et ajoutez 15 ml (1 c. à s.) de persil frais finement
ciselé. Laissez cuire jusqu'à ce que le vin réduise de moitié, puis ajoutez le
chorizo, l'ail, le piment et les palourdes.

Palourdes au chorizo, à l'ail, au piment et à la tomate
Suivez la recette de base, en ajoutant 3 tomates fraîches concassées dans
la poêle 1 min après y avoir ajouté l'ail et le piment. Après 3 min de cuisson,
ajoutez les palourdes.

Palourdes au chorizo, à l'ail, au piment et aux poivrons grillés
Suivez la recette de base, en ajoutant 30 ml (2 c. à s.) de poivrons grillés
hachés dans la poêle en même temps que l'ail et le piment. Après 3 min de
cuisson, ajoutez les palourdes.

Variantes

Pétoncles au boudin et à la sauge

Recette de base p. 85

Pétoncles au chorizo et à la sauge
Suivez la recette de base, en remplaçant le boudin par du chorizo
grossièrement haché. Servez les pétoncles sur un lit de chorizo.

Pétoncles piquants caramélisés
Suivez la recette de base, en supprimant le boudin et la sauge. Frottez
les pétoncles d'un mélange composé de 1,25 ml (¼ de c. à t.) de piment de
Cayenne, 1,25 ml (¼ de c. à t.) de safran en poudre et 1,25 ml (¼ de c. à t.) de
graines de coriandre moulues. Laissez reposer 10 min afin que la chair des
pétoncles s'imprègne du parfum des épices, puis faites-les cuire comme indiqué
dans la recette de base.

Pétoncles à la saucisse à l'ail et à la sauge
Suivez la recette de base, en remplaçant le boudin par des dés de saucisse
à l'ail.

Pétoncles à la pancetta et à la sauge
Suivez la recette de base, en remplaçant le boudin par des dés de pancetta.

Variantes

Paella aux fruits de mer et au poulet

Recette de base p. 86

Paella aux fruits de mer et au lapin
Suivez la recette de base, en remplaçant les cuisses de poulet par du lapin, découpé en morceaux de la taille d'une cuisse de poulet.

Paella aux légumes
Suivez la recette de base, en utilisant seulement 30 ml (2 c. à s.) d'huile d'olive, et en remplaçant le poulet, les fruits de mer et le chorizo par 1 poivron vert, 1 poivron rouge, 1 poivron jaune (coupés en dés), 150 g (1 tasse) de courge musquée coupée en dés et 110 g (1 ½ tasse) de champignons émincés. Remplacez le bouillon de volaille par du bouillon de légumes. Faites revenir les légumes dans l'huile d'olive avec l'ail pendant 15 min, avant de les ajouter à la paella, en fin de cuisson.

Paella aux fruits de mer, au homard et au poulet
Suivez la recette de base, en ajoutant à la paella 1 queue de homard cuite et coupée en gros médaillons, en même temps que les crevettes.

Paella aux fruits de mer
Suivez la recette de base, en supprimant le poulet.

Variantes

Paella à l'encre et aux calamars

Recette de base p. 89

Paella à l'encre
Suivez la recette de base, en supprimant la garniture aux calamars et
au chou de Bruxelles. Vous obtiendrez une paella plus moelleuse,
la délicate saveur de l'encre se suffisant à elle-même.

Paella à la tomate et aux calamars
Suivez la recette de base, en remplaçant l'encre par environ 400 g (14 oz) de
tomates concassées en conserve.

Paella à l'encre, aux calamars et aux fruits de mer
Suivez la recette de base, en ajoutant 8 crevettes, 12 moules et 12 grosses
palourdes dans le riz, 7 min avant la fin de la cuisson. Mélangez bien.
Les coquillages sont cuits quand ils sont ouverts (jetez ceux qui restent fermés).

Paella aux calamars
Suivez la recette de base, en supprimant l'encre.

Pollo y pato
Tapas de volaille

Du fait de ses arômes subtils, le poulet s'impose

comme l'ingrédient de base d'un grand nombre

de tapas. Les ailes, le blanc, les cuisses...

Tous les morceaux du poulet permettent de réaliser

une belle gamme de préparations, plus savoureuses

les unes que les autres.

Poulet à l'ail

Pour 4 personnes

Cette recette de poulet à l'ail, très simple à réaliser, est un classique des menus de tapas.
Évitez de cuire l'ail trop longtemps ou de le laisser brunir, car il serait amer au goût.

4 cuisses de poulet, désossées et débarrassées
   de la peau
Sel et poivre noir fraîchement moulu
30 ml (2 c. à s.) de farine
45 ml (3 c. à s.) d'huile d'olive extravierge

4 grosses gousses d'ail, finement émincées
12 cl (½ tasse) de xérès sec
15 ml (1 c. à s.) de cognac
15 ml (1 c. à s.) de persil frais, finement ciselé

Coupez chaque cuisse de poulet en 4 morceaux. Salez et poivrez les morceaux, puis
farinez-les. Dans une poêle, faites chauffer l'huile et mettez-y l'ail à revenir. Quand il est
doré, sortez-le de la poêle et réservez-le. Dans la même poêle, mettez les morceaux de poulet
à revenir 3 min de chaque côté ; ils doivent être bien cuits. Ramenez l'ail dans la poêle.

Mouillez avec le xérès et le cognac. Faites flamber les alcools si vous le souhaitez ;
vous pouvez aussi les laisser mijoter, jusqu'à ce qu'il n'en reste plus que la valeur de 30 ml
(2 c. à s.) Parsemez de persil et rectifiez l'assaisonnement au besoin. Transvasez le poulet dans
un plat et servez.

Voir variantes p. 117

Cuisses de poulet grillées à la harissa, au citron vert et à l'ail

Pour 4 personnes

La harissa est une épice piquante particulièrement prisée dans la cuisine marocaine.
Je préfère sa version agrémentée de pétales de rose, pour son caractère très aromatique.
Elle convient pour l'assaisonnement de toutes les viandes, mais sied plus particulièrement
aux saveurs du poulet.

4 cuisses de poulet, désossées, avec la peau
15 ml (1 c. à s.) de harissa (aux pétales de rose,
   de préférence)
15 ml (1 c. à s.) d'huile d'olive

2 gousses d'ail, finement émincées
Le zeste et le jus de 1 citron vert
Sel et poivre noir fraîchement moulu
Des quartiers de citron vert, pour accompagner

Mettez les cuisses de poulet dans un saladier. Ajoutez la harissa, l'huile, l'ail, le zeste de citron
vert, le sel et le poivre. Mélangez bien et laissez mariner 1 h.

Faites chauffer une poêle-gril à feu vif, jusqu'à ce qu'il s'en échappe de la fumée. Placez-y
les cuisses de poulet, peau vers le bas, et laissez-les cuire 3 min de chaque côté ; la viande
doit être grillée et cuite à cœur. Arrosez de jus de citron vert en fin de cuisson. Transvasez
les cuisses de poulet dans un plat, salez-les légèrement et servez-les sans attendre,
accompagnées de quartiers de citron vert.

Voir variantes p. 118

Cordon-bleu de poulet

Pour 4 personnes

Constituée d'une escalope de poulet enveloppée d'une tranche de jambon et garnie
de fromage fondant, cette préparation au nom prometteur est tout simplement délicieuse.
Pour lui donner un petit air espagnol, utilisez du manchego et du jambon serrano.

1 blanc de poulet, désossé et débarrassé
de sa peau
1 tranche de manchego (environ 18 cm [7 po]
de long et 0,5 cm [¼ po] d'épaisseur)
1 ou 2 tranches de jambon serrano

100 g (¾ tasse) de farine blanche,
salée et poivrée
1 œuf battu
100 g (⁴/₅ tasse) de chapelure
6 cl (¼ tasse) d'huile d'olive

Placez le blanc de poulet entre deux feuilles de papier sulfurisé et aplatissez-le à l'aide
d'un marteau à viande ou d'un rouleau à pâtisserie ; ôtez les feuilles de papier. Disposez
le manchego sur le poulet et recouvrez-le du jambon ; prenez soin de replier les extrémités
de la tranche de jambon afin de bien envelopper le fromage.

Mettez la farine, l'œuf battu et la chapelure dans trois petits saladiers. Farinez le poulet,
puis passez-le dans l'œuf, avant de l'enrober de chapelure. Au besoin, répétez ces trois
opérations, en veillant à ce que le fromage soit parfaitement enveloppé.

Dans une poêle, faites chauffer l'huile et mettez-y le poulet pané à revenir 3 à 4 min
de chaque côté ; l'escalope doit être dorée, croustillante et cuite à cœur. Égouttez-la sur
du papier absorbant, puis découpez-la en lamelles. Disposez les lamelles de cordon-bleu
sur un plat et servez sans attendre.

Voir variantes p. 119

Poulet rôti, gnocchis à la truffe, beurre de sauge et chou frisé

Pour 4 personnes

La fabrication des gnocchis n'est pas de tout repos, mais il y a fort à parier que vous ne pourrez plus vous passer des gnocchis maison quand vous y aurez goûté...

15 ml (1 c. à s.) d'huile d'olive
1 blanc de poulet, avec la peau
Sel et poivre noir
70 g (1 tasse) de chou frisé, finement émincé
Pour les gnocchis
4 pommes de terre farineuses moyennes
   (type russet), cuites, encore chaudes et pelées
100 g (¾ tasse) de farine tout usage

1,25 ml (¼ de c. à t.) de sel
38 ml (2 ½ c. à s.) de parmesan, finement râpé
2,5 ml (½ c. à t.) de pâte de truffes blanches
1 jaune d'œuf, légèrement battu
Pour le beurre de sauge
30 ml (2 c. à s.) de beurre doux
4 feuilles de sauge fraîche
5 ml (1 c. à t.) d'huile d'olive parfumée à la truffe

Préchauffez le four à 400 °F (200 °C). Dans une cocotte allant au four, faites chauffer l'huile à feu moyen. Salez et poivrez le poulet, puis placez-le, peau vers le bas, dans la cocotte. Faites-le cuire 2 à 3 min ; la peau doit être croustillante. Retournez le poulet, puis enfournez la cocotte 8 à 10 min ; la viande doit être cuite à cœur. Réservez au chaud, à couvert.

Préparez les gnocchis : dans un saladier, écrasez les pommes de terre, ménagez un puits au centre et mettez-y la farine, le sel et le parmesan. Mélangez, puis incorporez la pâte de truffes et le jaune d'œuf battu. Farinez vos mains, puis façonnez la préparation en une boule ; utilisez plus de farine si la pâte est collante, mais évitez de trop la travailler. Posez la pâte sur le plan de travail fariné et façonnez-la en un boudin que vous découperez en rondelles de 3 cm (1 ¼ po) d'épaisseur. À l'aide d'une fourchette, appuyez légèrement sur le sommet des rondelles, puis

pressez-en légèrement les côtés afin de leur donner la forme d'un oreiller. Couvrez les gnocchis pour éviter qu'ils se dessèchent pendant la préparation de la sauce.

Préparez le beurre de sauge : dans une poêle, faites chauffer à feu moyen le beurre et la sauge ; le beurre doit dorer légèrement et dégager un arôme de noisette. Hors du feu, ajoutez l'huile à la truffe. Maintenez la préparation au chaud. Portez à ébullition une casserole d'eau salée. Faites-y pocher les gnocchis et le chou 1 à 2 min ; les gnocchis doivent remonter à la surface. Égouttez, mettez les gnocchis et le chou dans le beurre de sauge et faites cuire à feu moyen ; les gnocchis doivent être dorés. Transvasez dans un plat. Découpez le poulet et disposez les morceaux sur les gnocchis. Arrosez du jus de cuisson et servez.

Voir variantes p. 120

Côtelette de poulet au jambon serrano et au marsala

Pour 4 personnes

Spécialité espagnole, le serrano – ou jambon des montagnes – est un jambon cru séché. On le sert coupé en fines tranches, mais il peut aussi être cuit ; il est alors délicieusement croquant et son goût salé se marie à merveille avec le poulet, le citron et les herbes.

1 blanc de poulet, désossé et débarrassé de sa peau	1 rondelle de citron
Sel et poivre noir fraîchement moulu	15 ml (1 c. à s.) de farine tout usage
1 ou 2 tranches de jambon serrano	15 ml (1 c. à s.) d'huile d'olive
2 feuilles de sauge fraîche	3 ml (½ c. à t.) de beurre
	12 cl (½ tasse) de marsala

Placez le blanc de poulet entre deux feuilles de papier sulfurisé et, à l'aide d'un marteau à viande ou d'un rouleau à pâtisserie, aplatissez-le jusqu'à 0,5 cm (¼ po) d'épaisseur. Salez et poivrez à votre convenance.

Recouvrez le blanc de poulet avec le jambon, et déposez au sommet les feuilles de sauge et la rondelle de citron. Maintenez le tout à l'aide d'une pique en bois. Farinez l'escalope des deux côtés. Dans une poêle, faites chauffer l'huile et le beurre et mettez-y le poulet à cuire 3 min de chaque côté ; la viande doit être dorée à l'extérieur et cuite à cœur. Mouillez avec le marsala et augmentez le feu afin que la sauce bouillonne et réduise de moitié. Transvasez le poulet dans un plat, arrosez-le de la sauce et servez.

Voir variantes p. 121

Poulet aux pommes de terre, aux olives et au xérès

Pour 4 personnes

Ce ragoût savoureux, facile à préparer, est le plat familial par excellence. Rustique et copieux, il convient parfaitement pour un repas à la fois léger et consistant. Le zeste d'orange ajouté en fin de cuisson apporte une touche particulière à ce plat.

4 cuisses de poulet, désossées et débarrassées
    de leur peau
Sel et poivre noir fraîchement moulu
30 ml (2 c. à s.) de farine tout usage
60 ml (4 c. à s.) d'huile d'olive
4 grosses gousses d'ail, finement émincées
8 olives vertes

2 petites pommes de terre (type Yukon Gold),
    cuites et coupées en quatre
12 cl (½ tasse) de xérès de qualité (type *fino*)
15 ml (1 c. à s.) de cognac
15 ml (1 c. à s.) de persil plat frais,
    finement ciselé
Le zeste de ½ orange, râpé

Coupez les cuisses de poulet en quatre. Salez-les, poivrez-les, puis farinez-les. Dans une poêle, faites chauffer l'huile et mettez-y l'ail à revenir. Dès qu'il est doré, sortez-le de la poêle et réservez-le. Dans la même poêle, faites revenir les morceaux de poulet 3 min de chaque côté ; ils doivent être cuits à cœur. Ramenez l'ail dans la poêle, puis ajoutez les olives et les pommes de terre cuites.

Mouillez avec le xérès et le cognac. Si le cœur vous en dit, vous pouvez faire flamber le tout. Vous pouvez également laisser mijoter la sauce jusqu'à ce qu'il n'en reste que la valeur de 15 à 30 ml (1 à 2 c. à s.) Incorporez à la préparation le persil ciselé et le zeste d'orange, puis rectifiez l'assaisonnement si nécessaire. Servez sans attendre.

Voir variantes p. 122

Ailes de poulet au miel et au paprika

Pour 4 personnes

Cette préparation très appréciée de tous fait partie des tapas que l'on peut facilement déguster du bout des doigts. La marinade au miel et au paprika forme sur la viande un glaçage brillant et légèrement collant.

8 ailes de poulet, bien lavées et soigneusement
    épongées
2 gousses d'ail, émincées
5 ml (1 c. à t.) de paprika
2,5 ml (½ c. à t.) de sel

2,5 ml (½ c. à t.) de poivre noir,
    fraîchement moulu
5 ml (1 c. à t.) de zeste de citron, finement râpé
45 ml (3 c. à s.) de miel

Découpez les ailes de poulet au niveau des articulations et débarrassez-les de leurs extrémités. Dans un saladier, mélangez tous les ingrédients. Ajoutez-y les ailes de poulet et enrobez-les soigneusement de la préparation. Couvrez la viande et réservez au frais 2 ou 3 h (ou toute une nuit), en prenant soin de retourner les ailes de temps en temps.

Préchauffez le four à 400 °F (200 °C). Déposez les ailes de poulet dans un plat de cuisson et badigeonnez-les généreusement de la marinade restée dans le saladier. Enfournez 30 à 35 min, en veillant à retourner les ailes à mi-cuisson ; la viande doit être dorée. Disposez le poulet dans un plat et servez sans attendre.

Voir variantes p. 123

Magret de canard, sauce au coing

Pour 4 personnes

Cuit en sauce avec des épices soigneusement choisies, le coing – aux arômes délicats et parfumés – accompagne magnifiquement le magret de canard.

30 cl (1 ⅕ tasse) de vin blanc sec ou doux
1 coing, pelé et coupé en dés
15 ml (1 c. à s.) de vinaigre de xérès
15 ml (1 c. à s.) de sucre roux
1 pincée de cannelle en poudre

1 pincée de macis
1 anis étoilé
2 clous de girofle
1 magret de canard
30 ml (2 c. à s.) de beurre, coupé en dés

Dans une casserole, mettez le vin, ainsi que le coing, le vinaigre, le sucre et les épices. Portez le tout à ébullition, puis laissez cuire 5 min à petits bouillons. Sortez la casserole du feu, couvrez et réservez pendant que vous préparez le canard.

Incisez la peau du magret. Dans une poêle sèche, disposez le magret, peau vers le bas, et faites-le cuire à petit feu 8 min environ. Retournez-le et poursuivez la cuisson 3 à 4 min ; la viande doit être cuite ou rosée. Sortez la poêle du feu et réservez le canard dans un plat pendant que vous terminez la préparation.

Jetez la graisse fondue restant dans la poêle et mettez-y 90 ml (6 c. à s.) de la préparation au coing (jus et morceaux de fruit). Faites réduire à petit feu en remuant occasionnellement ; la sauce doit épaissir. Ajoutez-y les dés de beurre, les uns après les autres, en fouettant bien entre chaque addition jusqu'à obtention d'une sauce veloutée et épaisse. Découpez le magret de canard en lamelles et servez-le accompagné de la sauce au coing.

Voir variantes p. 124

Salade de magret de canard, de betterave et de noix confites

Pour 4 personnes

Cette salade originale se distingue par les multiples saveurs prononcées qui s'y côtoient. Les noix confites – que l'on trouve dans le commerce surtout au moment des fêtes – accompagnent parfaitement la viande de canard et la betterave.

30 ml (2 c. à s.) d'huile de noix
10 ml (2 c. à t.) de vinaigre de vin rouge
Sel et poivre noir fraîchement moulu
1 magret de canard
4 noix confites, coupées en quatre

55 g (1 ½ tasse) de cresson, sans les tiges
1 échalote, finement émincée
1 endive, feuilles séparées et cœur émincé
1 petite orange, pelée et séparée en quartiers
140 g (¾ tasse) de betterave cuite, coupée en dés

Mélangez l'huile de noix et le vinaigre, salez, poivrez et réservez la vinaigrette. Faites chauffer une poêle antiadhésive à feu moyen. Salez et poivrez le magret, puis mettez-le à revenir dans la poêle, peau vers le bas, 8 min environ ; la graisse située sous la peau s'écoule et la peau devient croustillante (veillez à ce que la chair ne cuise pas trop). Retournez la viande et poursuivez la cuisson 3 à 4 min ; le magret doit être cuit ou rosé. Sortez-le de la poêle et réservez pendant que vous achevez la préparation.
Mettez les noix confites et la vinaigrette dans la poêle et éteignez le feu ; la vinaigrette doit bouillonner légèrement, puis réduire. Dans un saladier, mélangez le cresson, l'échalote, l'endive et la moitié de la vinaigrette. Disposez cette salade, les oranges et la betterave dans un plat, et parsemez de noix. Coupez le magret en lamelles, que vous installerez sur la salade.
Agrémentez du reste de vinaigrette et d'un éventuel jus de viande.

Voir variantes p. 125

Poulet à l'ail

Recette de base p. 101

Lapin à l'ail
Suivez la recette de base, en remplaçant les cuisses de poulet par des morceaux de lapin, que vous ferez revenir un peu plus longtemps afin qu'ils soient cuits à cœur.

Poulet à l'ail et au porto
Suivez la recette de base, en remplaçant le xérès par du porto (du porto blanc, de préférence), qui est plus parfumé.

Poulet à l'ail et au calvados
Suivez la recette de base, en remplaçant le xérès et le cognac par 12 cl (½ tasse) de calvados. Ajoutez 30 ml (2 c. à s.) de crème. Remplacez le persil par 7,5 ml (½ c. à s.) de feuilles d'estragon frais.

Poulet à l'ail et au thym
Suivez la recette de base, en remplaçant le persil par 7,5 ml (½ c. à s.) de thym frais finement ciselé.

Cuisses de poulet grillées à la harissa, au citron vert et à l'ail

Recette de base p. 103

Cuisses de poulet au piment rouge

Suivez la recette de base, en remplaçant la harissa par 5 ml (1 c. à t.) de copeaux de piments rouges secs et 5 ml (1 c. à t.) de paprika fumé. Supprimez le zeste et le jus de citron vert.

Cuisses de poulet à la thaïlandaise

Suivez la recette de base, en remplaçant la harissa par une pâte composée d'un morceau (1,5 cm [3/5 po]) de gingembre râpé, d'un morceau (1,5 cm [3/5 po]) de citronnelle râpé et de ½ piment vert haché.

Cuisses de poulet aux herbes, au citron vert et à l'ail

Suivez la recette de base, en remplaçant la harissa par 2,5 ml (½ c. à t.) de romarin frais finement ciselé, 2,5 ml (½ c. à t.) de thym finement ciselé et 1,25 ml (¼ de c. à t.) de menthe finement ciselée.

Côtelettes d'agneau à la harissa

Suivez la recette de base, en remplaçant les cuisses de poulet par des côtelettes d'agneau. Veillez à ne pas trop les cuire et réservez-les quelques instants avant de servir.

Variantes

Cordon-bleu de poulet

Recette de base p. 104

Cordon-bleu de veau
Suivez la recette de base, en remplaçant le poulet par 1 escalope de veau.

Cordon-bleu au jambon fumé au miel
Suivez la recette de base, en remplaçant le jambon serrano par du jambon fumé au miel.

Cordon-bleu de porc au fromage de chèvre
Suivez la recette de base, en remplaçant le poulet par de fines tranches de porc désossé, et le manchego par un fromage de chèvre espagnol (type *ibores*).

Cordon-bleu de poulet pané au pain azyme
Suivez la recette de base, en remplaçant la chapelure par du pain azyme écrasé, qui fait une panure plus légère.

Poulet rôti, gnocchis à la truffe, beurre de sauge et chou frisé

Recette de base p. 106

Poulet rôti, gnocchis au basilic, beurre de sauge et chou frisé
Suivez la recette de base, en remplaçant la pâte de truffes dans les gnocchis par 15 ml (1 c. à s.) de basilic finement ciselé. Supprimez l'huile parfumée à la truffe dans le beurre de sauge.

Poulet rôti, gnocchis aux olives, beurre de sauge et chou frisé
Suivez la recette de base, en remplaçant la pâte de truffes dans les gnocchis par 15 ml (1 c. à s.) de tapenade. Supprimez l'huile parfumée à la truffe dans le beurre de sauge.

Poulet rôti, gnocchis à la truffe, beurre de sauge et chou vert de Milan
Suivez la recette de base, en remplaçant le chou frisé par du chou vert de Milan.

Poulet rôti, gnocchis aux épinards, beurre de sauge et chou frisé
Suivez la recette de base, en ajoutant dans les gnocchis 85 g (1 ½ tasse) d'épinards frais, cuits, égouttés et pressés.

Côtelette de poulet au jambon serrano et au marsala

Recette de base p. 108

Côtelette de veau au jambon serrano et au marsala
Suivez la recette de base, en remplaçant le blanc de poulet par du veau.

Côtelette de poulet au jambon serrano et au vermouth
Suivez la recette de base, en remplaçant le marsala par du vermouth blanc.

Côtelette de poulet au bacon et au marsala
Suivez la recette de base, en remplaçant le jambon serrano par de fines tranches de bacon fumé ou de pancetta, aux arômes fumés plus prononcés.

Côtelette de poulet au jambon serrano, sauce acidulée à l'orange
Suivez la recette de base, en remplaçant le marsala par le jus de 1 orange et le zeste râpé de ½ orange.

Poulet aux pommes de terre, aux olives et au xérès

Recette de base p. 111

Bœuf aux pommes de terre, aux olives et au xérès

Suivez la recette de base, en remplaçant le poulet par la même quantité
de filet de bœuf coupé en tranches de 0,5 cm (¼ po) d'épaisseur. Supprimez la
farine. Après avoir fait revenir l'ail, augmentez le feu et faites cuire les tranches
de bœuf 2 min de chaque côté. Sortez les morceaux de viande de la poêle
et réservez-les pendant que vous terminez la préparation.

Poulet aux petits champignons et au xérès

Suivez la recette de base, en remplaçant les pommes de terre, les olives et
le zeste d'orange par 125 g (1 ¾ tasse) de petits champignons entiers sautés.

Galettes de poulet aux pommes de terre, aux olives, au xérès et au thym

Suivez la recette de base, en supprimant les cuisses de poulet. Mélangez
110 g (4 oz) de poulet haché, 1 œuf, 40 g (⅓ tasse) de chapelure et 2,5 ml
(½ c. à t.) de thym frais finement ciselé. Salez et poivrez la pâte, puis
façonnez de petites galettes. Faites-les revenir comme indiqué dans la recette
de base, 3 à 4 min de chaque côté, puis poursuivez la préparation.

Poulet aux pommes de terre, aux olives et au porto

Suivez la recette de base, en remplaçant le xérès et le cognac par 12 cl
(½ tasse) de porto. Vous obtiendrez une sauce plus riche.

Variantes

Ailes de poulet au miel et au paprika

Recette de base p. 112

Ailes de poulet aux herbes
Suivez la recette de base, en remplaçant le paprika par 2,5 ml (½ c. à t.) de thym frais finement haché et 2,5 ml (½ c. à t.) de romarin finement haché.

Ailes de poulet marinées au bloody mary
Suivez la recette de base, en ajoutant à la marinade 15 ml (1 c. à s.) de concentré de tomate, 15 ml (1 c. à s.) de sauce Worcestershire et 15 ml (1 c. à s.) de vinaigre de vin rouge.

Ailes de poulet sauce piquante
Suivez la recette de base, en ajoutant à la marinade ½ piment rouge frais finement haché et 5 ml (1 c. à t.) de piment de Cayenne.

Ailes de poulet aux épices fumées
Suivez la recette de base, en ajoutant à la marinade 15 ml (1 c. à s.) de Tabasco® *chipotle*, qui apportera une touche mexicaine à la préparation.

Magret de canard, sauce au coing

Recette de base p. 115

Magret de canard, sauce aux fruits de saison

Suivez la recette de base, en remplaçant le coing par des pommes ou des poires. Choisissez un fruit qui ne se réduise pas en purée à la cuisson.

Poulet, sauce au coing

Suivez la recette de base, en remplaçant le magret de canard par du blanc de poulet. Vous pouvez aussi utiliser de la pintade.

Magret de canard, sauce à la cerise noire

Suivez la recette de base, en remplaçant le coing par 100 g (3/5 tasse) de cerises noires fraîches dénoyautées. Les cerises accompagnent particulièrement bien le canard.

Magret de canard, sauce à l'orange

Suivez la recette de base, en remplaçant le coing par 1 orange coupée en rondelles très fines, et en ajoutant 30 ml (2 c. à s.) de Grand Marnier® ou de Cointreau® en même temps que le vin.

Salade de magret de canard, de betterave et de noix confites

Recette de base p. 116

Salade de magret de canard, de betterave, de chèvre et de noix confites

Suivez la recette de base, en agrémentant la salade de 175 g (6 oz) de fromage de chèvre émietté. Choisissez, si possible, du bouchon de chèvre ou un fromage qui en soit proche. Débarrassez-le de sa croûte avant de l'émietter.

Salade de magret de canard, de betterave, de bleu et de noix confites

Suivez la recette de base, en agrémentant la salade de 175 g (6 oz) de fromage persillé (type stilton) émietté.

Salade de magret de canard, de betterave et de noix confites sur lit de mesclun

Suivez la recette de base, en remplaçant le cresson et l'endive par 2 cœurs de romaine et une poignée de mesclun.

Salade de pintade, de betterave et de noix confites

Suivez la recette de base, en remplaçant le magret de canard par des filets de pintade, que vous ferez cuire un peu plus longtemps.

Tapas de puerco
Tapas de porc

Le porc peut être apprêté de différentes manières
et il entre dans la confection de diverses sortes
de tapas. Que l'on songe seulement aux boulettes
en sauce, à la poitrine de porc grillée, au filet
mignon, au chorizo piquant, ou encore à la morcilla
frite, croustillante à l'extérieur et fondante à cœur.

Chorizo au vin rouge

Pour 4 personnes

La cuisson au vin rouge attendrit le chorizo et lui apporte une saveur particulière. N'oubliez pas d'accompagner ce plat de pain croustillant pour mieux savourer la sauce, riche et très parfumée.

225 g (8 oz) de chorizo demi-sec, coupé en
    rondelles de 2 cm (¾ po) d'épaisseur
90 ml (6 c. à s.) de vin rouge sec
2 feuilles de laurier frais

1 gousse d'ail, écrasée
15 ml (1 c. à s.) d'huile d'olive
Sel et poivre noir fraîchement moulu

Préchauffez le four à 400 °F (200 °C). Disposez tous les ingrédients dans un plat de cuisson creux. Enfournez 10 min ; la plus grande partie de vin doit s'être évaporée et le chorizo doit commencer à libérer son huile.

Servez sans attendre, accompagné de pain croustillant pour saucer.

Voir variantes p. 142

Morcilla aux piquillos et aux œufs de caille

Pour 4 personnes

La morcilla, spécialité espagnole, est l'un des meilleurs boudins qui soient. Et la morcilla au riz est de loin la meilleure. On la prépare traditionnellement avec des poivrons rouges doux et des œufs de caille.

12 cl (½ tasse) d'huile d'olive	Sel et poivre noir fraîchement moulu
6 piquillos entiers (en conserve)	400 g (14 oz) de morcilla, coupée en 4 rondelles
1 gousse d'ail, écrasée	4 œufs de caille frais

Dans une poêle, faites chauffer à feu vif la moitié de l'huile d'olive. Mettez-y les piquillos et l'ail à revenir 5 à 6 min en remuant constamment, afin que les poivrons soient bien enrobés de matière grasse ; la peau des poivrons doit craqueler. Mettez les poivrons et l'ail dans un plat de service. Salez et poivrez généreusement.

Versez le reste de l'huile dans la poêle et mettez-y les rondelles de morcilla à revenir 1 min de chaque côté. Cassez les œufs dans la poêle et faites-les frire 1 min en arrosant régulièrement les jaunes avec l'huile chaude, pour qu'ils cuisent tout en restant liquides.

Disposez les rondelles de morcilla sur les piquillos et posez les œufs frits par-dessus.

Voir variantes p. 143

Boulettes de porc en sauce tomate

Pour 4 personnes

Chaque restaurant de tapas possède sa propre recette ! En doublant les proportions et en façonnant des boulettes plus petites, vous obtiendrez une délicieuse sauce de pâtes.

Pour les boulettes
250 g (9 oz) de viande de porc maigre, hachée
1 petit oignon, finement haché
2 gousses d'ail, écrasées
½ piment rouge, finement haché
2 brins de romarin frais, finement ciselés
2 brins de thym frais, finement ciselés
70 g (³/₅ tasse) de chapelure
1 œuf
45 ml (3 c. à s.) d'huile d'olive

Pour la sauce tomate
30 ml (2 c. à s.) d'huile d'olive
1 petit oignon, finement émincé
2 gousses d'ail, finement émincées
10 cl (²/₅ tasse) de vin rouge
600 g (1 lb) de tomates cerises, concassées
1 feuille de laurier, écrasée
2,5 ml (½ c. à t.) de sel
2,5 ml (½ c. à t.) de poivre noir,
        fraîchement moulu

Préparez les boulettes : dans un grand saladier, mélangez tous les ingrédients, excepté l'huile. Malaxez à la main pour un résultat homogène. Façonnez la pâte en 4 boulettes de 4 cm (1 ½ po) de diamètre ; tassez-les bien pour éviter qu'elles se défassent à la cuisson. Réservez 30 min au frais.

Préparez la sauce : dans une casserole à fond épais munie d'un couvercle, faites chauffer l'huile et mettez l'oignon et l'ail à revenir doucement ; l'oignon doit être translucide. Mouillez avec le vin rouge et laissez mijoter quelques instants ; le liquide doit réduire de moitié. Ajoutez les tomates, le laurier, le sel et le poivre. Portez à ébullition en remuant vigoureusement et en écrasant légèrement les tomates cerises avec le dos de la cuillère. Laissez mijoter à couvert à feu assez vif.

Lorsque les boulettes sont bien fraîches, faites chauffer le reste de l'huile dans une poêle et faites-y revenir les boulettes ; elles doivent être dorées. Ajoutez-les à la sauce, poursuivez la cuisson 20 min à découvert et à petits bouillons en remuant de temps en temps. Servez.

Voir variantes p. 144

Porc à la morcilla et aux pommes

Pour 4 personnes

Les amateurs de porc et de tapas fondront littéralement de plaisir devant ce plat. Le porc ibérique est issu d'une variété de cochons noirs qui tiennent leur saveur particulière du fait qu'ils se nourrissent essentiellement de glands. En l'absence de filet mignon, de la longe de porc de bonne qualité fera parfaitement l'affaire.

350 g (12 oz) de filet mignon (du porc ibérique, de préférence)
Sel et poivre noir fraîchement moulu
60 ml (4 c. à s.) d'huile d'olive
3 feuilles de sauge fraîche

2 petites pommes (type granny-smith), pelées, évidées et coupées en quatre
200 g (7 oz) de morcilla, coupée en 4 rondelles
12 cl (½ tasse) de vin blanc demi-sec

Préchauffez le four à 400 °F (200 °C). Épongez soigneusement le porc, salez-le et poivrez-le généreusement. Dans une poêle à fond épais, faites chauffer l'huile et mettez-y les feuilles de sauge à revenir 1 min. Sortez les feuilles de sauge de la poêle et réservez. Dans la même poêle, faites revenir le filet mignon ; il doit être uniformément doré. Placez-le dans un plat de cuisson et enfournez 10 min.

Lorsque le porc est cuit, recouvrez-le de papier d'aluminium, puis réservez 10 min. Découpez-le ensuite en tranches, que vous disposerez sur un plat de service. Pendant ce temps, refaites chauffer la poêle à feu moyen et faites-y revenir les pommes et la morcilla ; les pommes doivent être caramélisées et la morcilla bien cuite. Ajoutez les pommes, la morcilla et les feuilles de sauge dans le plat de service. Déglacez la poêle avec le vin, en raclant bien les parois. Dès que la réduction a épaissi, versez-la sur la viande et servez.

Voir variantes p. 145

Côtelettes de porc caramélisées

Pour 4 personnes

Ces côtelettes de porc cuisent longtemps et à tout petit feu dans une sauce barbecue. Elles sont tellement tendres et fondantes que la chair se détache toute seule des os. N'avez-vous pas déjà l'eau à la bouche ?

15 ml (1 c. à s.) de Tabasco® *chipotle*
1 tête d'ail, gousses séparées et pelées
10 ml (2 c. à t.) de paprika doux fumé
45 ml (3 c. à s.) de ketchup
5 ml (1 c. à t.) de cumin moulu
30 ml (2 c. à s.) d'origan frais

15 cl (5/8 tasse) de vinaigre de cidre
15 cl (5/8 tasse) d'huile d'olive extravierge
Sel et poivre noir fraîchement moulu
450 g (1 lb) de côtelettes de porc,
     séparées les unes des autres

À l'aide d'un robot électrique, mixez tous les ingrédients à l'exception des côtelettes, jusqu'à obtention d'une marinade lisse.

Dans un contenant fermant hermétiquement, placez les côtelettes et arrosez-les de la marinade, en prenant soin de bien les recouvrir. Réservez au frais au moins 2 h, ou toute une nuit de préférence.

Préchauffez le four à 300 °F (150 °C). Transvasez la viande et la marinade dans un plat de cuisson assez profond et recouvrez de papier d'aluminium. Enfournez 2 h environ ; la viande doit être tendre. Ôtez la feuille d'aluminium et poursuivez la cuisson 30 min ; la sauce doit caraméliser et devenir collante. Servez sans attendre, en prévoyant des serviettes en papier pour que vos convives puissent s'essuyer les doigts.

Voir variantes p. 146

Porc rôti au fenouil et aux haricots blancs

Pour 4 personnes

Avec sa peau croustillante et sa chair fondante, la poitrine de porc braisée est une vraie gourmandise. Conjuguée avec le fenouil, elle prend une tout autre dimension.

1 kg (2 lb) de poitrine de porc
15 ml (3 c. à t.) de sel
1 oignon, coupé en huit
1 poireau, coupé en gros tronçons
4 gousses d'ail, pelées
1 brin de sauge fraîche
1 brin de thym frais
15 ml (1 c. à s.) de graines de fenouil, écrasées

2,5 ml (½ c. à t.) de poivre noir, fraîchement moulu
30 cl (1 ⅕ tasse) de cidre
60 cl (2 ½ tasses) de bouillon de volaille
800 g (28 oz) de haricots blancs en conserve, rincés
15 ml (1 c. à s.) de moutarde de Dijon
Le zeste de 1 citron, finement râpé

La veille, frottez la poitrine de porc avec 10 ml (2 c. à t.) de sel. Réservez au réfrigérateur toute la nuit. Préchauffez le four à 450 °F (230 °C). Mettez l'oignon, le poireau, l'ail, la sauge et le thym au fond d'un plat de cuisson. Épongez la viande pour la débarrasser de la plus grande partie du sel, puis parsemez-la du reste de sel, du fenouil et du poivre ; frottez vigoureusement pour bien faire pénétrer ces ingrédients dans la peau et la chair. Placez la poitrine dans le plat de cuisson, sur le lit de légumes, et enfournez 30 min ; la peau doit craqueler. Réduisez la température du four à 350 °F (180 °C). Mouillez la préparation avec le cidre, le bouillon et 20 cl (⅞ tasse) d'eau, et poursuivez la cuisson 2 h environ. Rajoutez de l'eau au besoin, pour éviter que le fond du plat ne brûle. Ajoutez les haricots blancs 30 min avant la fin de la cuisson et mélangez. Sortez le plat du four et réservez la viande 15 min. Agrémentez les haricots chauds de moutarde et du zeste de citron, découpez la viande et servez.

Voir variantes p. 147

Cataplana

Pour 4 personnes

Ce plat traditionnel portugais est un ragoût de porc cuit avec de l'ail, du vin et des palourdes dans un récipient spécifique. Vous pouvez aussi bien le réaliser dans une cocotte en fonte classique munie d'un couvercle.

5 gousses d'ail, hachées
15 ml (1 c. à s.) de paprika doux
2,5 ml (½ c. à t.) de piment en poudre
Sel
15 cl (⅝ tasse) d'huile d'olive
150 g (5 oz) de filet de porc, coupé en dés
de 1,5 cm (³/₅ po)

1 oignon, finement émincé
20 cl (⅞ tasse) de vin blanc sec
225 g (8 oz) de palourdes, brossées et lavées
30 ml (2 c. à s.) de persil plat, finement ciselé
1 trait de jus de citron

À l'aide d'un robot électrique, mixez l'ail, le paprika, le piment, le sel et la moitié de l'huile d'olive, jusqu'à obtention d'un ensemble lisse. Faites mariner le porc dans ce mélange 4 h environ (ou toute une nuit de préférence). Remuez de temps en temps pour vous assurer que les morceaux de viande sont bien enduits de marinade.

Dans une large casserole munie d'un couvercle, faites chauffer à feu vif 45 ml (3 c. à s.) de l'huile restante et faites-y revenir 5 min le porc avec sa marinade, en remuant de temps à autre. Réservez. Versez le reste de l'huile dans la poêle et mettez-y l'oignon à revenir 5 min à feu moyennement vif. Mouillez avec le vin, portez à ébullition, puis laissez bouillir 1 min environ. Ramenez le porc dans la poêle avec le jus de cuisson. Mélangez bien, puis ajoutez les palourdes. Laissez cuire à couvert 3 à 5 min ; les palourdes doivent être ouvertes (jetez celles qui restent fermées). Parsemez le tout de persil, arrosez d'un trait de jus de citron et servez.

Voir variantes p. 148

Chorizo, morcilla et saucisse au fenouil, oignons au balsamique

Pour 4 personnes

Trois différentes sortes de saucisses méditerranéennes, savoureuses et parfumées, agrémentées d'oignons caramélisés au vinaigre balsamique. Une merveille !

30 ml (2 c. à s.) de vinaigre balsamique
30 ml (2 c. à s.) d'huile d'olive extravierge
2 gousses d'ail, écrasées
5 ml (1 c. à t.) de cassonade
2 brins de marjolaine fraîche, finement ciselés

Sel et poivre noir fraîchement moulu
1 oignon rouge, coupé en huit
1 chorizo à cuire, coupé en quatre
4 petites morcillas
1 saucisse au fenouil, coupée en quatre

Préchauffez le four à 375 °F (190 °C). Dans un grand saladier, mélangez le vinaigre balsamique, la moitié de l'huile, l'ail, la cassonade, la marjolaine, le sel et le poivre. Ajoutez l'oignon, puis mélangez encore pour bien l'enduire de sauce. Versez le mélange dans un plat de cuisson.

Placez les saucisses dans un autre plat allant au four et arrosez-les du reste d'huile d'olive. Enfournez les deux plats 25 min ; à mi-cuisson, remuez les oignons et secouez les saucisses vigoureusement. Si la marinade au vinaigre balsamique commence à brûler, mouillez-la avec 30 ou 45 ml (2 ou 3 c. à s.) d'eau.

Répartissez les oignons chauds et les différents types de saucisses dans 4 plats individuels. Arrosez de marinade au vinaigre balsamique et servez.

Voir variantes p. 149

Chorizo au vin rouge

Recette de base p. 127

Chorizo et piment au vin rouge
Suivez la recette de base, en ajoutant aux ingrédients 1 piment rouge
finement émincé.

Chorizo au vin blanc
Suivez la recette de base, en remplaçant le vin rouge par du vin blanc, pour
obtenir une sauce un peu plus légère.

Chorizo au vin blanc et au safran
Suivez la recette de base, en remplaçant le vin rouge par du vin blanc et
en ajoutant 1 petite pincée de safran à l'ail écrasé.

Morcilla au vin rouge
Suivez la recette de base, en remplaçant le chorizo par de la morcilla.

Variantes

Morcilla aux piquillos et aux œufs de caille

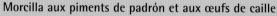

Recette de base p. 129

Morcilla aux piments de padrón et aux œufs de caille
Suivez la recette de base, en remplaçant les piquillos par 2 ou 3 piments
de padrón (ou piments verts doux).

Morcilla aux chanterelles et aux œufs de cane
Suivez la recette de base, en remplaçant les piquillos par 2 ou 3 chanterelles
émincées, et les œufs de caille par des œufs de cane.

Morcilla à la sauce croustillante, aux œufs de cane
et à l'huile parfumée à la truffe
Suivez la recette de base, en remplaçant les piquillos par 6 feuilles de sauge.
Faites revenir les feuilles de sauge tout doucement dans l'huile. Sortez-les
de la poêle dès qu'elles deviennent croustillantes et égouttez-les sur du papier
absorbant. Remplacez les œufs de caille par des œufs de cane et arrosez le plat
dressé d'un trait d'huile d'olive parfumée à la truffe.

Chorizo aux piquillos et aux œufs de caille
Suivez la recette de base, en remplaçant la morcilla par du chorizo.

Boulettes de porc en sauce tomate

Recette de base p. 130

Boulettes de porc en sauce tomate aux olives
Suivez la recette de base, en ajoutant 15 ml (1 c. à s. comble) d'olives noires
dénoyautées à la sauce tomate.

Boulettes de porc en sauce tomate aux câpres
Suivez la recette de base, en ajoutant 15 ml (1 c. à s. comble) de câpres
à la sauce tomate.

Boulettes de bœuf en sauce tomate épicée
Suivez la recette de base, en remplaçant le porc par du bœuf haché, et
en ajoutant 1 piment rouge émincé dans la sauce en même temps que
l'oignon.

Boulettes de dinde en sauce tomate au basilic
Suivez la recette de base, en remplaçant le porc par de la dinde hachée,
et en agrémentant la sauce tomate de quelques feuilles de basilic frais
en fin de cuisson.

Porc à la morcilla et aux pommes

Recette de base p. 133

Porc au chorizo et aux pommes
Suivez la recette de base, en remplaçant la morcilla par du chorizo à cuire.

Porc à la morcilla et aux poires
Suivez la recette de base, en remplaçant les pommes par des poires.

Porc au chorizo et aux poires
Suivez la recette de base, en remplaçant la morcilla et les pommes par du chorizo à cuire et des poires.

Porc à la morcilla, aux haricots blancs et aux pommes
Suivez la recette de base, en ajoutant 200 g (7 oz) de haricots blancs en conserve dans la poêle, en même temps que les pommes et la morcilla.

Côtelettes de porc caramélisées

Recette de base p. 134

Côtelettes de porc caramélisées à l'ananas
Suivez la recette de base, en ajoutant dans la marinade 10 cl (²/₅ tasse) de jus d'ananas.

Côtelettes de porc caramélisées à la mangue
Suivez la recette de base, en ajoutant dans la marinade 10 cl (²/₅ tasse) de jus de mangue et 5 ml (1 c. à t.) de chutney de mangue.

Côtelettes de porc caramélisées à la diable
Suivez la recette de base, en ajoutant dans la marinade 15 cl (⁵/₈ tasse) de sauce pimentée très forte.

Côtelettes de porc aux épices caramélisées
Suivez la recette de base, en frottant les côtelettes de porc avec 5 ml (1 c. à t.) de graines de coriandre moulues et 5 ml (1 c. à t.) de cumin en poudre, avant de les napper de marinade.

Variantes

Porc rôti au fenouil et aux haricots blancs

Recette de base p. 137

Porc rôti au fenouil, à la pancetta et aux haricots blancs
Suivez la recette de base, en ajoutant 60 ml (4 c. à s.) de pancetta coupée en dés et frite, en même temps que l'oignon.

Porc rôti au fenouil, au chorizo et aux haricots blancs
Suivez la recette de base, en ajoutant 60 ml (4 c. à s.) de chorizo coupé en dés et frit, en même temps que l'oignon.

Porc rôti au carvi et aux lentilles
Suivez la recette de base, en remplaçant les graines de fenouil par des graines de carvi, et les haricots blancs par des lentilles.

Porc rôti au cinq-épices et à la purée de courge musquée
Suivez la recette de base, en remplaçant les graines de fenouil par 15 ml (1 c. à s.) de cinq-épices. Supprimez les haricots blancs. Pelez 225 g (2 tasses) de courge musquée et coupez-la en dés. Dans une casserole, faites revenir 40 min environ les dés de courge dans 15 ml (1 c. à s.) d'huile d'olive. Mixez la courge avec 12 cl (½ tasse) de lait et accompagnez le porc de cette purée.

Cataplana

Recette de base p. 138

Cataplana au chorizo
Suivez la recette de base, en faisant revenir avec l'oignon 1 petit chorizo demi-sec coupé en dés.

Cataplana au piment
Suivez la recette de base, en faisant revenir avec l'oignon 1 petit piment rouge haché.

Cataplana au safran
Suivez la recette de base, en faisant revenir avec l'oignon 1 petite pincée de safran.

Cataplana au chorizo, au safran et aux moules
Suivez la recette de base, en faisant revenir avec l'oignon 1 petit chorizo demi-sec coupé en dés et 1 petite pincée de safran, et en remplaçant les palourdes par des moules.

Variantes

Chorizo, morcilla et saucisse au fenouil, oignons au balsamique

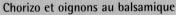

Recette de base p. 141

Chorizo et oignons au balsamique
Suivez la recette de base, en remplaçant les morcillas et la saucisse au fenouil par 2 chorizos supplémentaires.

Morcilla et oignons au balsamique
Suivez la recette de base, en remplaçant le chorizo et la saucisse au fenouil par 8 morcillas supplémentaires.

Saucisses au fenouil et oignons au balsamique
Suivez la recette de base, en remplaçant les morcillas et le chorizo par 2 saucisses au fenouil supplémentaires.

Chorizo, morcilla et saucisse au fenouil, oignons au balsamique et au vin rouge
Suivez la recette de base, en ajoutant 30 ml (2 c. à s.) de vin rouge à la marinade.

Tapas de cordero
Tapas d'agneau

Qu'il s'agisse de tendres côtelettes, d'une épaule

lentement braisée, d'un filet ou de délicieux kebabs,

qu'il soit cuisiné avec des épices subtiles

ou avec des herbes au parfum plus prononcé,

l'agneau du terroir fait des tapas absolument

délicieuses.

Côtelettes d'agneau grillées, beurre brun au romarin et aux câpres

Pour 4 personnes

Les côtelettes d'agneau se prêtent bien au grignotage, puisqu'on peut les tenir du bout des doigts. Elles sont idéales dans un repas de tapas. Pour réaliser cette recette, choisissez du collier d'agneau, composé de 5 côtelettes, ou, encore mieux, un carré d'agneau, plus coûteux mais au goût plus délicat et composé de 8 côtelettes.

1 morceau d'agneau (carré ou collier)
Sel et poivre noir fraîchement moulu
7,5 ml (½ c. à s.) d'huile d'olive
60 ml (4 c. à s.) de beurre doux

1 petit brin de romarin frais
15 ml (1 c. à s. comble) de câpres (confites
au vinaigre plutôt qu'en saumure)
Le jus de ½ citron

Découpez l'agneau en séparant les côtelettes les unes des autres. Si elles sont trop épaisses, aplatissez-les à l'aide d'un marteau à viande jusqu'à 1 cm (⅓ po) d'épaisseur environ. Salez et poivrez les côtelettes, puis frottez-les avec l'huile. Faites chauffer une poêle-gril à feu vif jusqu'à ce qu'elle fume et mettez-y les côtelettes à cuire 2 à 3 min de chaque côté. Sortez-les de la poêle et réservez.

Dans une petite casserole, faites fondre le beurre avec le romarin. Quand le beurre commence à mousser et à prendre une teinte brunâtre, ajoutez les câpres. Après 30 s de cuisson, mouillez avec le jus de citron. Sortez la casserole du feu, puis salez et poivrez la sauce. Dressez les côtelettes dans un plat, arrosez-les avec la sauce et avec leur jus de cuisson, puis servez.

Voir variantes p. 167

Épaule d'agneau braisée majorquine

Pour 4 personnes

Ce grand classique doit être réalisé avec de l'agneau de lait. La plupart des agneaux vendus dans les boucheries ont environ un an d'âge et n'ont pas été astreints à une alimentation particulière – d'où leur chair relativement sombre et riche. Pour cette recette, utilisez la moitié d'une épaule d'agneau. C'est un morceau qui, du fait de sa taille, peut être présenté à table et ne nécessite pas un découpage au couteau.

½ épaule d'agneau, avec l'os (environ 900 g [2 lb])
2 carottes, pelées
2 branches de céleri
1 poireau
2 oignons, pelés

400 g (14 oz) de tomates en conserve, avec leur jus
3 têtes d'ail, coupées en deux et débarrassées de leur enveloppe
25 cl (1 tasse) de vin blanc
1 bouquet garni (thym, romarin, persil)
30 cl (1 1/5 tasse) de bouillon de volaille

Préchauffez le four à 320 °F (160 °C). Dans une cocotte, faites revenir l'épaule d'agneau afin qu'elle soit bien dorée et qu'elle libère une partie de son gras. Sortez la viande de la cocotte et ne conservez que 30 ml (2 c. à s.) de graisse de cuisson. Coupez les carottes, le céleri, le poireau et les oignons en tronçons de 4 cm (1 1/2 po) environ, et mettez-les à revenir dans la cocotte avec la graisse de cuisson. Dès que les légumes sont dorés, ajoutez les tomates, l'ail, le vin et le bouquet garni. Mouillez avec le bouillon, puis ajoutez l'épaule d'agneau. Recouvrez la cocotte d'une feuille de papier sulfurisé et enfournez 3 h. Commencez à vérifier la viande après 2 h 30 de cuisson ; lorsque la viande se détache de l'os, l'agneau est parfaitement cuit.

Voir variantes p. 168

Filet d'agneau au tzatziki

Pour 4 personnes

Le filet d'agneau piqué de piment rouge, d'épices et d'ail se distingue par sa texture onctueuse. Accompagné de tzatziki – une préparation à base de yogourt grec, avec laquelle il se marie parfaitement –, il s'impose comme un *must* des menus de tapas.

2 graines de cardamome, écrasées
5 ml (1 c. à t.) de cumin en poudre
1 gousse d'ail, écrasée
1 piment rouge, finement émincé
½ petit bouquet de menthe fraîche, ciselé
7,5 ml (½ c. à s.) d'huile d'olive
1 filet d'agneau (275 g [10 oz]), débarrassé
   de son gras

Pour le tzatziki
15 cl (⅝ tasse) de yogourt à la grecque
   à 0 % de M.G.
½ concombre, coupé en petits dés
Sel et poivre noir fraîchement moulu
½ bouquet de menthe fraîche, finement ciselé
Huile d'olive extravierge

Dans un mortier, réduisez en purée la cardamome, le cumin, l'ail, le piment, la menthe et l'huile. Frottez l'agneau de ce mélange et laissez-le mariner 2 h environ.

Préparez le tzatziki : mélangez le yogourt et le concombre. Salez et poivrez généreusement, puis agrémentez de menthe finement ciselée.

Faites chauffer une poêle-gril à feu vif, jusqu'à ce qu'elle fume. Mettez-y l'agneau à revenir, après l'avoir débarrassé d'un éventuel excès de marinade ; la viande doit être uniformément dorée et rester ferme au toucher. Réservez le filet quelques instants, puis découpez-le. Garnissez le fond d'un plat de service de tzatziki, puis disposez les tranches d'agneau par-dessus. Arrosez d'un trait d'huile d'olive et servez sans attendre.

Voir variantes p. 169

Ragoût d'agneau à la polenta

Pour 4 personnes

Ce ragoût d'agneau très parfumé est un plat typique du sud de l'Espagne.

15 ml (1 c. à s.) d'huile d'olive
400 g (14 oz) d'épaule d'agneau, désossée
  et coupée en dés
1 oignon, finement émincé
1 carotte, pelée et coupée en tronçons
1 branche de céleri, coupée en tronçons
4 gousses d'ail, hachées
15 ml (1 c. à s.) de concentré de tomate
1 feuille de laurier
1 pincée de safran
1 pincée de paprika fumé
Quelques brins de thym frais, finement ciselés

Quelques brins de romarin frais, ciselés
Quelques brins de persil frais, finement ciselés
40 cl (1 ³/₅ tasse) de vin blanc sec
40 cl (1 ³/₅ tasse) de bouillon d'agneau
  ou de volaille
400 g (14 oz) de tomates concassées,
  en conserve
Pour la polenta
25 cl (1 tasse) de bouillon de volaille, chaud
85 g (3 oz) de polenta
55 g (¼ tasse) de beurre doux
55 g (2 oz) de parmesan, râpé

Préchauffez le four à 320 °F (160 °C). Dans une cocotte à fond épais, faites chauffer l'huile d'olive et faites-y revenir l'agneau en plusieurs fournées ; il doit être bien doré. Sortez la viande de la cocotte à l'aide d'une écumoire et réservez-la dans un saladier.

Mettez l'oignon, la carotte et le céleri à revenir à feu très doux dans la cocotte 15 min environ ; les légumes doivent être tendres et légèrement dorés. Ajoutez l'ail 2 min avant la fin de la cuisson. Incorporez ensuite le concentré de tomate. Après 1 min de cuisson, ajoutez le laurier, le safran, le paprika, le thym, le romarin, la moitié du persil, le vin, le bouillon et les tomates concassées. Ramenez ensuite la viande dans la cocotte. Mélangez le tout soigneusement, puis couvrez et enfournez 2 h ; la viande doit être très tendre et la sauce épaisse et onctueuse. Sortez la cocotte du four, réservez-la 10 min, puis émiettez la viande avec deux fourchettes.

Pendant ce temps, préparez la polenta : portez le bouillon à ébullition, versez-y la polenta en pluie en remuant constamment et poursuivez la cuisson 2 min environ. Hors du feu, incorporez le beurre et le parmesan (suffisamment pour que l'ensemble soit onctueux).

Transvasez le ragoût dans un grand plat, parsemez-le de persil et servez avec la polenta.

Voir variantes p. 170

Agneau rôti, salade de grenade

Pour 4 personnes

Voici une manière saine de préparer l'agneau. Le gras de la viande est équilibré par l'acidité de la grenade, que l'on retrouve dans le glaçage, la sauce et la salade.

60 ml (4 c. à s.) de mélasse de grenade
5 ml (1 c. à t.) de cumin moulu
Le jus de 1 citron
15 ml (1 c. à s.) d'huile d'olive
2 gousses d'ail, émincées
1 oignon, grossièrement haché
¼ d'épaule d'agneau (900 g [2 lb]), avec l'os, la chair étant légèrement entaillée

30 cl (1 ⅕ tasse) de bouillon de volaille ou d'agneau
Pour la salade
Les graines de 1 grenade
1 poignée de persil plat frais
110 g de (3 tasses) cresson
1 petit oignon rouge, finement émincé
15 ml (1 c. à s.) d'huile d'olive extravierge

Préchauffez le four à 320 °F (160 °C). Dans un petit saladier, mélangez la mélasse de grenade avec le cumin, le jus de citron, l'huile d'olive et l'ail. Parsemez le fond d'une cocotte ou d'un plat de cuisson creux avec l'oignon haché. Placez l'épaule d'agneau sur le lit d'oignons. Versez le mélange à la grenade sur l'agneau, puis frottez un peu la viande pour bien l'imprégner de sauce. Rincez le saladier avec le bouillon, puis versez celui-ci autour de l'agneau (et non par-dessus).

Couvrez le plat ou la cocotte avec un couvercle ou une feuille d'aluminium, puis enfournez. Après 3 h de cuisson, découvrez le plat et laissez cuire 30 min de plus ; l'agneau doit être doré. Récupérez ensuite le jus de cuisson, dégraissez-le au maximum, puis reversez-le dans la cocotte. Juste avant de servir, mélangez tous les ingrédients de la salade. Accompagnez l'agneau de sa sauce et de la salade de grenade.

Voir variantes p. 171

Pilaf d'agneau

Pour 4 personnes

Idéal pour les grandes tablées, ce plat typique du Moyen-Orient est composé de riz parfumé à la cannelle, à la coriandre et au clou de girofle, et agrémenté d'abricots secs. Il n'y a rien de plus savoureux.

1 poignée de pignons de pin
   (ou d'amandes effilées)
15 ml (1 c. à s.) d'huile d'olive
1 oignon, émincé
2,5 ml (½ c. à t.) de graines de coriandre, moulues
1 bâton de cannelle, coupé en deux
2 clous de girofle

275 g (10 oz) d'agneau à braiser, coupé en dés
175 g (⅞ tasse) de riz basmati
30 cl (1 ⅕ tasse) de bouillon d'agneau
   ou de légumes
6 à 8 abricots secs
Sel et poivre noir fraîchement moulu
1 poignée de feuilles de menthe fraîche, grossièrement hachées

Dans une grande poêle, faites revenir à sec les pignons de pin (ou les amandes) ; ils doivent être légèrement dorés. Réservez-les.

Dans la poêle, faites chauffer l'huile et mettez-y l'oignon, les graines de coriandre moulues, la cannelle et les clous de girofle à dorer. Augmentez le feu, ajoutez les dés d'agneau et faites-les revenir jusqu'à ce qu'ils brunissent.

Versez le riz dans la poêle, en remuant constamment. Après 1 min de cuisson, mouillez avec le bouillon, puis ajoutez les abricots, le sel et le poivre. Baissez le feu, couvrez et laissez mijoter 12 min ; le riz doit être tendre et doit avoir absorbé tout le bouillon. Agrémentez la préparation de pignons (ou d'amandes) et parsemez de menthe.

Voir variantes p. 172

Côtelettes d'agneau en panure aux herbes

Pour 4 personnes

J'ai découvert cette préparation dans un restaurant italien, qui la servait en entrée. L'agneau, rosé, est enrobé d'une panure croustillante agrémentée de câpres et de menthe.

1 carré d'agneau
85 g (5/8 tasse) de farine
Sel et poivre noir fraîchement moulu
1 gros œuf fermier, légèrement battu
85 g (3/4 tasse) de chapelure

1 petite poignée de menthe fraîche,
   finement ciselée
15 ml (1 c. à s.) de câpres, finement hachées
12 cl (1/2 tasse) d'huile d'olive

Découpez le carré d'agneau en séparant les côtelettes les unes des autres. Emballez-les dans une double épaisseur de film alimentaire et aplatissez-les avec un marteau à viande ; elles doivent faire 0,5 cm (1/4 po) d'épaisseur environ. Mettez dans trois petits saladiers la farine (que vous aurez salée et poivrée), l'œuf battu et la chapelure. Ajoutez la menthe et les câpres à la chapelure et mélangez bien.

Passez chaque côtelette tour à tour dans la farine, puis dans l'œuf et enfin dans la chapelure. Réservez les côtelettes panées quelques minutes. Dans une poêle, faites chauffer l'huile, puis mettez-y les côtelettes à revenir 2 min de chaque côté ; la panure doit être dorée et la viande doit rester rosée. Égouttez les côtelettes sur du papier absorbant, puis disposez-les dans un plat de service.

Voir variantes p. 173

Brochettes d'agneau mariné, salade de fèves

Pour 4 personnes

Ces brochettes d'agneau mariné font tout simplement saliver, mais elles sont encore plus appétissantes servies sur un lit de fèves vert émeraude, rehaussées d'une sauce piquante au citron.

Le jus et le zeste de 1 citron
12 cl (½ tasse) d'huile d'olive
Sel et poivre noir fraîchement moulu
60 ml (4 c. à s.) de menthe fraîche,
    finement ciselée

60 ml (4 c. à s.) de persil frais, finement ciselé
275 g (10 oz) de filet d'agneau, coupé en dés
    de 2 cm (¾ po) de côté
200 g (7 oz) de fèves

Dans un saladier assez profond, émulsionnez la moitié du jus et du zeste de citron, la moitié de l'huile, le sel et le poivre. Ajoutez la moitié des herbes, puis les dés d'agneau. Mélangez bien et laissez mariner au moins 2 h (de préférence toute la nuit).

Portez à ébullition une grande casserole d'eau salée et plongez-y les fèves 3 min ; elles doivent être tendres. Égouttez-les, puis décortiquez-les quand elles ont suffisamment refroidi pour être manipulées. Mettez les fèves décortiquées dans un saladier, ajoutez-y le reste de l'huile d'olive, du jus et du zeste de citron, ainsi que des herbes. Salez et poivrez.

Enfilez 3 ou 4 dés de viande sur 4 piques à brochettes. Faites chauffer à blanc une poêle-gril et mettez-y les brochettes à griller, en les retournant toutes les 30 s jusqu'à ce qu'elles soient cuites. Posez chaque brochette sur une petite portion de fèves et servez sans attendre.

Voir variantes p. 174

Boulettes d'agneau aux épices et aux pistaches

Pour 4 personnes

Ces petites boulettes d'agneau sont délicieusement épicées. Les pistaches qu'elles contiennent leur apportent un croustillant inattendu. Quelle merveille !

1 petite gousse d'ail, grossièrement hachée
½ petit oignon, grossièrement haché
30 ml (2 c. à s.) de pistaches, décortiquées
5 ml (1 c. à t.) de graines de cumin
2,5 ml (½ c. à t.) de graines de coriandre
2,5 ml (½ c. à t.) de graines de fenouil

1,25 ml (¼ de c. à t.) de copeaux de piments rouges secs
Sel et poivre noir fraîchement moulu
225 g (8 oz) d'agneau, haché
30 ml (2 c. à s.) d'huile d'olive

À l'aide d'un robot électrique, mixez tous les ingrédients, excepté l'agneau et l'huile, jusqu'à obtention d'une pâte granuleuse. Dans un grand saladier, mélangez à la main cette préparation avec l'agneau haché, en veillant à ce que l'ensemble soit homogène. Roulez l'équivalent de 15 ml (1 c. à s.) de l'appareil entre vos mains pour former une boulette compacte de 4 cm (1 ½ po) de diamètre ; faites autant de boulettes que possible.

Dans une poêle antiadhésive, faites chauffer l'huile à feu moyen et mettez-y les boulettes à frire 5 min environ, en veillant à ce qu'elles soient uniformément dorées. Servez sans attendre.

Voir variantes p. 175

Côtelettes d'agneau grillées, beurre brun au romarin et aux câpres

Recette de base p. 151

Côtelettes d'agneau grillées, beurre brun au romarin, aux anchois et aux câpres

Suivez la recette de base, en faisant revenir 4 anchois à l'huile dans le beurre fondu, en même temps que le romarin.

Côtelettes d'agneau grillées, beurre brun au fenouil et aux câpres

Suivez la recette de base, en remplaçant le romarin par 15 ml (1 c. à s.) de graines de fenouil moulues.

Côtelettes d'agneau grillées, beurre brun au romarin, à l'ail et aux câpres

Suivez la recette de base, en faisant revenir 1 ou 2 gousses d'ail écrasées dans le beurre fondu, en même temps que le romarin.

Côtelettes d'agneau grillées, beurre brun à la menthe et aux câpres

Suivez la recette de base, en remplaçant le romarin par quelques brins de menthe fraîche.

Épaule d'agneau braisée majorquine

Recette de base p. 153

Épaule d'agneau braisée majorquine aux haricots blancs

Suivez la recette de base, en ajoutant à l'agneau 800 g (28 oz) de haricots blancs en conserve, rincés et égouttés, environ 30 min avant la fin de la cuisson.

Épaule d'agneau braisée majorquine au vin rouge

Suivez la recette de base, en remplaçant le vin blanc par du vin rouge.

Épaule d'agneau braisée majorquine à l'ouzo

Suivez la recette de base, en mouillant la préparation avec 30 cl (1 1/5 tasse) d'ouzo, environ 30 min avant la fin de la cuisson.

Épaule d'agneau braisée majorquine en sauce

Suivez la recette de base. Lorsque l'agneau est cuit, sortez-le du plat de cuisson et réservez-le à couvert. À l'aide d'une écumoire, sortez les légumes du plat, puis passez-les au chinois. Ramenez la purée de légumes dans le plat, avec le jus de cuisson. Augmentez le feu et faites réduire la préparation jusqu'à obtention d'une sauce épaisse, que vous servirez en accompagnement de l'agneau.

Filet d'agneau au tzatziki

Recette de base p. 154

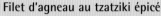

Filet d'agneau au tzatziki épicé
Suivez la recette de base, en ajoutant 2 piments verts épépinés au tzatziki.
Faites griller les 2 piments ; leur peau doit noircir. Émincez-les finement
et incorporez-les à la préparation au yogourt et au concombre.

Filet d'agneau et tzatziki citronnés
Suivez la recette de base, en agrémentant la marinade du jus et du zeste
de 1 citron, et en ajoutant à la préparation au yogourt 5 ml (1 c. à t.) de zeste
de citron râpé.

Sandwich d'agneau et de tzatziki au pain pita
Suivez la recette de base, en découpant la viande marinée en dés. Enfilez
les dés d'agneau sur des brochettes, puis faites griller celles-ci 30 s de chaque
côté. Agrémentez la préparation au yogourt de 2 échalotes hachées. Garnissez
4 petits pains pita de cette sauce et de brochettes d'agneau.

Filet d'agneau, tzatziki au citron vert
Suivez la recette de base, en agrémentant la préparation au yogourt du jus et
du zeste râpé de 1 citron vert.

Ragoût d'agneau à la polenta

Recette de base p. 156

Ragoût d'agneau à la tomate, au vin blanc et à la polenta
Suivez la recette de base, en supprimant le safran et le paprika fumé.

Ragoût d'agneau à la purée de pommes de terre
Suivez la recette de base, en remplaçant la polenta par une purée
de pommes de terre onctueuse, agrémentée de beurre et de crème.

Ragoût d'agneau à la polenta aux herbes
Suivez la recette de base, en agrémentant la polenta de 30 ml (2 c. à s.)
d'herbes finement ciselées (basilic, persil ou menthe), juste avant de servir.

Ragoût d'agneau au vin rouge et à la polenta
Suivez la recette de base, en supprimant le safran, le paprika fumé et
les tomates, et en remplaçant le vin blanc par 40 cl (1 ³/₅ tasse) de vin rouge.
Ajoutez 3 clous de girofle à la préparation en même temps que le vin.

Variantes

Agneau rôti, salade de grenade

Recette de base p. 158

Agneau rôti, salade de grenade et d'orange
Suivez la recette de base, en ajoutant à la salade les quartiers de 1 orange.

Agneau rôti au cinq-épices, salade de grenade
Suivez la recette de base, en remplaçant le cumin par 5 ml (1 c. à t.) de cinq-épices.

Agneau rôti épicé, salade de grenade
Suivez la recette de base, en ajoutant au glaçage 2,5 ml (½ c. à t.) de graines de coriandre moulues et 1 pincée de copeaux de piments secs.

Canard rôti, salade de grenade
Suivez la recette de base, en remplaçant l'épaule d'agneau par 2 cuisses de canard.

Pilaf d'agneau

Recette de base p. 161

Pilaf de poulet
Suivez la recette de base, en remplaçant l'agneau par la même quantité
de cuisses de poulet désossées, et le bouillon d'agneau par du bouillon
de volaille.

Pilaf d'agneau aux pruneaux
Suivez la recette de base, en remplaçant les abricots secs par des pruneaux.

Pilaf d'agneau au citron
Suivez la recette de base, en remplaçant les abricots secs par 1 citron coupé
en fines rondelles.

Pilaf d'agneau à l'indienne
Suivez la recette de base, en supprimant les abricots secs, et en ajoutant
au mélange d'épices 5 ml (1 c. à t.) de cumin en poudre et 2,5 ml (½ c. à t.)
de curcuma en poudre.

Variantes

Côtelettes d'agneau en panure aux herbes

Recette de base p. 162

Côtelettes d'agneau panées
Suivez la recette de base, en supprimant la menthe et les câpres.

Côtelettes d'agneau à la moutarde en panure aux herbes
Suivez la recette de base, en enduisant chaque côtelette de 1,25 ml
(¼ de c. à t.) de moutarde de Dijon avant de la fariner.

Côtelettes d'agneau en panure épicée
Suivez la recette de base, en supprimant la menthe et les câpres et en
agrémentant la chapelure de 15 ml (1 c. à s.) de coriandre fraîche finement
ciselée et 2,5 ml (½ c. à t.) de curry en poudre.

Côtelettes d'agneau en panure verte
Suivez la recette de base, en agrémentant la chapelure de 15 ml (1 c. à s.)
d'herbes fraîches ciselées (estragon, persil, basilic) et de 2 cornichons finement
hachés.

Brochettes d'agneau mariné, salade de fèves

Recette de base p. 165

Brochettes d'agneau mariné aux épices, salade de fèves au fenouil
Suivez la recette de base, en remplaçant les herbes de la marinade par 2,5 ml
(½ c. à t.) de copeaux de piments rouges secs. Agrémentez la salade de fèves
de 55 g (³/5 tasse) de fenouil très finement émincé.

Brochettes d'agneau mariné à la harissa, salade de fèves
Suivez la recette de base, en remplaçant les herbes de la marinade
par 5 ml (1 c. à t.) de harissa.

Brochettes d'agneau mariné à l'ail et au romarin, salade de fèves aux anchois
Suivez la recette de base, en remplaçant les herbes de la marinade par
1 gousse d'ail très finement écrasée et 2,5 ml (½ c. à t.) de romarin frais.
Agrémentez la salade de fèves de 2 filets d'anchois à l'huile écrasés à la
fourchette.

Brochettes d'agneau mariné au cumin, courgettes grillées
Suivez la recette de base, en supprimant les herbes et les fèves. Agrémentez la
marinade de 2,5 ml (½ c. à t.) de cumin en poudre. Tranchez finement 1 courgette.
Badigeonnez les tranches de 15 ml (1 c. à s.) d'huile d'olive et faites-les griller à la
poêle 1 min de chaque côté. Sortez les courgettes de la poêle et arrosez-les de
15 ml (1 c. à s.) d'huile d'olive. Servez les brochettes sur un lit de courgettes.

Boulettes d'agneau aux épices et aux pistaches

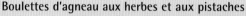

Recette de base p. 166

Boulettes d'agneau aux herbes et aux pistaches
Suivez la recette de base, en remplaçant le cumin, la coriandre, le fenouil et
le piment par 30 ml (2 c. à s.) de menthe fraîche finement ciselée et 15 ml
(1 c. à s.) de thym frais finement ciselé.

Boulettes d'agneau au citron et aux anchois
Suivez la recette de base, en remplaçant les pistaches, le cumin, la coriandre,
le fenouil et le piment par le zeste de 1 citron et 2 filets d'anchois à l'huile.

Boulettes d'agneau aux épices et aux abricots secs
Suivez la recette de base, en remplaçant les pistaches par 15 ml (1 c. à s.)
d'abricots secs finement hachés.

Boulettes d'agneau aux pignons de pin et à la feta
Suivez la recette de base, en remplaçant les pistaches, le cumin, la coriandre
et le piment par 60 ml (4 c. à s.) de pignons de pin. Ajoutez avec l'agneau
60 ml (4 c. à s.) de feta émiettée.

Boulettes d'agneau aux olives noires
Suivez la recette de base, en supprimant les pistaches, le cumin, la coriandre et
le fenouil. Agrémentez la viande hachée de 45 ml (3 c. à s.) d'olives noires
dénoyautées et hachées et du zeste râpé de ½ citron.

Tapas de carne

Tapas de bœuf

Qu'elle soit saignante, voire bleue, ou lentement mijotée et très cuite, la viande de bœuf est toujours appétissante. Elle se prête à toutes sortes de préparations et entre, à ce titre, dans la confection de nombreuses tapas. Elle offre l'avantage d'être à la fois savoureuse et facile à préparer.

Carpaccio de bœuf, mayonnaise aux anchois et ail croustillant

Pour 4 personnes

Voici une version espagnole de ce grand classique italien !

150 g (5 oz) de filet de bœuf, paré
2 œufs fermiers (les jaunes seulement)
5 ml (1 c. à t. comble) de moutarde de Dijon
5 ml (1 c. à t.) de vinaigre de vin blanc
Sel et poivre noir fraîchement moulu
8 filets d'anchois à l'huile, écrasés en une pâte

30 cl (1 1/5 tasse) d'huile végétale
Le jus de 1 citron
45 ml (3 c. à s.) d'huile d'olive
5 grosses gousses d'ail, émincées
1 poignée de feuilles de cresson ou de roquette,
   assaisonnée de jus de citron et d'huile d'olive

Emballez le filet de bœuf dans du film alimentaire et placez-le 30 min au congélateur. Préparez la mayonnaise : dans un saladier, mettez les jaunes d'œufs, la moutarde, le vinaigre, le sel, le poivre et les anchois. Mélangez au fouet électrique, puis incorporez l'huile progressivement sans cesser de fouetter, jusqu'à obtention d'une mayonnaise lisse et épaisse. Incorporez un trait de jus de citron. Réservez au frais jusqu'au moment de servir.

Dans une poêle à fond épais, faites chauffer l'huile d'olive à feu vif jusqu'à ce qu'elle brille en surface. Mettez-y l'ail à rissoler 30 s environ ; il doit être doré et croustillant. Égouttez-le sur du papier absorbant. Sortez la viande du congélateur et découpez-la en tranches aussi fines que possible. Disposez les tranches de viande dans un plat, garnissez-les de mayonnaise, d'ail croustillant et de salade de cresson ou de roquette.

Voir variantes p. 193

Filet de bœuf au rioja et au bleu

Pour 4 personnes

Le vin de Rioja, région viticole du nord de l'Espagne, accompagne le bœuf à merveille. Concoctez ce délicieux filet de bœuf enrobé d'une réduction de vin rouge et parsemé de fromage fondant, et vous serez sûr de vous régaler.

60 cl (2 ½ tasses) de vin rouge de Rioja
15 cl (⅝ tasse) d'huile d'olive
2 gousses d'ail, émincées
Sel et poivre noir fraîchement moulu
600 g (21 oz) de filet de bœuf

30 ml (2 c. à s.) de cassonade
1 bâton de cannelle
2,5 ml (½ c. à t.) de copeaux de piments rouges secs
150 g (5 oz) de bleu (type stilton), émietté

Dans un saladier assez profond, fouettez vigoureusement 45 ml (3 c. à s.) de vin rouge, 30 ml (2 c. à s.) d'huile, l'ail, le sel et le poivre, jusqu'à obtention d'une émulsion. Découpez le filet de bœuf en 16 morceaux, arrosez-les de l'émulsion et mélangez bien. Couvrez et réservez au frais toute une nuit.

Préparez la sauce : dans une casserole à fond épais, faites chauffer à feu moyen le reste du vin, la cassonade, le bâton de cannelle et les copeaux de piments rouges. Laissez réduire à petits bouillons tout en remuant, jusqu'à obtention d'un sirop léger.

Faites chauffer une poêle-gril à feu vif jusqu'à ce qu'elle fume. Badigeonnez les morceaux de viande avec le reste d'huile, puis mettez-les à revenir dans la poêle ; ils doivent être grillés à l'extérieur et saignants à cœur. Passez-les dans la sauce au vin rouge, puis disposez-les dans un plat de service. Parsemez de bleu émietté et servez.

Voir variantes p. 194

Brochettes de bœuf, sauce béarnaise

Pour 4 personnes

Les plus simples des tapas – du bœuf grillé accompagné d'une sauce béarnaise classique – sont aussi ceux qui séduisent le plus grand nombre. Un franc succès garanti !

1 échalote, finement émincée
2 brins d'estragon frais
60 ml (4 c. à s.) de vin blanc sec
30 ml (2 c. à s.) de vinaigre de vin blanc
175 g (¾ tasse) de beurre doux
3 œufs fermiers (les jaunes seulement)

225 g (8 oz) d'aloyau, coupé en dés de 2 cm
  (¾ po) de côté
4 piques en bois, trempées 1 h dans l'eau
15 ml (1 c. à s.) d'huile d'olive
Sel et poivre noir fraîchement moulu

Préparez la sauce béarnaise : dans une casserole, mélangez l'échalote, l'estragon, le vin, le vinaigre et 52 ml (3 ½ c. à s.) d'eau. Portez le tout à ébullition et laissez réduire des deux tiers. Passez la réduction au chinois, réservez le liquide (jetez l'estragon et l'échalote) et laissez refroidir légèrement. Dans une casserole, faites fondre le beurre à feu doux. Dès qu'il est liquide, augmentez le feu et faites-le bouillir 30 s. Versez le liquide clair en surface dans un verre doseur et jetez le résidu laiteux. À l'aide d'un fouet électrique, mixez les jaunes d'œufs et la réduction de vin. Sans cesser de fouetter, incorporez le beurre fondu en le versant en un mince filet ; vous obtiendrez une sauce moyennement épaisse. Couvrez et réservez.

Faites chauffer une poêle-gril (ou la plaque du barbecue), jusqu'à ce qu'il s'en échappe de la fumée. Enfilez les morceaux de viande sur les piques en bois. Arrosez les brochettes d'huile d'olive, puis salez et poivrez. Disposez les brochettes sur la poêle ou la plaque du barbecue et comptez 1 min de cuisson pour chacun des quatre côtés. Mettez les brochettes dans un grand plat et servez-les accompagnées d'un bol de sauce béarnaise.

Voir variantes p. 195

Faux-filet aux piquillos et frites de polenta

Pour 4 personnes

Un bon morceau de viande est toujours bienvenu sur une grande tablée. Accompagnons-le de frites de polenta pour le côté mode, et de piquillos pour un petit air espagnol !

Pour les frites de polenta
15 ml (1 c. à s.) d'huile d'olive
60 cl (2 ½ tasses) de bouillon de légumes
    ou de volaille
150 g (5 oz) de polenta
60 ml (4 c. à s.) de parmesan, finement râpé
25 g (⅛ tasse) de beurre
Sel et poivre noir fraîchement moulu

45 ml (3 c. à s.) d'huile végétale
45 ml (3 c. à s.) de farine
Pour le steak aux piquillos
225 g (8 oz) de faux-filet, à température ambiante
Sel et poivre noir fraîchement moulu
30 ml (2 c. à s.) d'huile d'olive
1 gousse d'ail, écrasée
110 g (4 oz) de piquillos en conserve, égouttés

Préparez la polenta : huilez un plat de cuisson de 23 × 30 cm (9 × 12 po) environ. Dans une grande casserole, portez le bouillon à ébullition, puis versez-y la polenta en pluie en remuant constamment jusqu'à obtention d'un mélange homogène. Baissez le feu et laissez cuire 2 min environ sans cesser de remuer ; le mélange doit épaissir tout en restant lisse. Hors du feu, incorporez le parmesan, le beurre, le sel et le poivre, puis transvasez la préparation dans le plat de cuisson huilé, en prenant soin d'en lisser la surface avec le dos d'une cuillère. Couvrez et réservez au frais au moins 4 h, voire toute une nuit.

Démoulez la polenta froide sur une planche et découpez-la en lamelles d'environ 2 × 7 cm (¾ × 2 ¾ po). Dans une grande poêle antiadhésive, faites chauffer l'huile. Farinez généreusement les lamelles de polenta, puis faites-les revenir 5 min en plusieurs fois ; elles doivent être dorées. Égouttez-les dans un plat garni de papier absorbant. Réservez au chaud.

Faites chauffer une poêle-gril à feu très vif. Salez la viande, puis frottez-la avec 15 ml (1 c. à s.) d'huile d'olive. Posez-la dans la poêle, puis retournez-la après 2 à 3 min de cuisson ; elle doit être grillée à l'extérieur et saignante à cœur. Sortez-la du feu et réservez.

Dans une casserole, faites chauffer 15 ml (1 c. à s.) d'huile d'olive à feu moyen et mettez-y l'ail à revenir doucement, afin qu'il parfume l'huile. Ajoutez les piquillos et mélangez bien ; l'huile doit se teinter de rouge. Salez et poivrez. Découpez la viande en lamelles épaisses. Disposez-les sur une planche, parsemez de piquillos et servez avec les frites de polenta.

Voir variantes p. 196

Bavette d'aloyau à la moelle

Pour 4 personnes

La bavette d'aloyau est un morceau prélevé sur le flanc de l'animal, à proximité du faux-filet. Il est méconnu, ce qui est dommage car c'est l'un des meilleurs morceaux du bœuf. Les échalotes et la moelle rôtie se marient parfaitement avec la viande, l'ensemble constituant un classique des repas de tapas.

2 tronçons d'os à moelle (5 à 8 cm [2×3½ po] de long), coupés en deux dans le sens de la longueur
Sel et poivre noir fraîchement moulu
25 g (⅛ tasse) de beurre
8 petites échalotes, pelées

15 ml (1 c. à s.) de vinaigre de vin rouge
30 cl (1 ⅕ tasse) de vin rouge
1 feuille de laurier
40 cl (1 ⅗ tasse) de bouillon de bœuf
225 g (8 oz) de bavette d'aloyau
15 ml (1 c. à s.) d'huile d'olive

Préchauffez le four à 375 °F (190 °C). Mettez les os dans un plat de cuisson (moelle vers le haut), salez, poivrez, puis enfournez 20 min ; la moelle doit être souple et se détacher de l'os, mais elle ne doit pas fondre. Dans une petite casserole, faites fondre le beurre et mettez-y les échalotes à caraméliser. Mouillez avec le vinaigre et le vin rouge, salez et poivrez, puis ajoutez le laurier et le bouillon. Laissez mijoter 10 min environ. Dès que la sauce est sirupeuse, sortez la casserole du feu et ôtez la feuille de laurier. Réservez la sauce au chaud.

Salez et poivrez la bavette, puis frottez-la avec l'huile d'olive. Faites chauffer une poêle-gril à feu vif et mettez-y la viande à cuire 3 min de chaque côté ; elle doit rester saignante. Laissez-la reposer à couvert 10 min environ. Découpez la bavette contre le grain, puis dressez les morceaux dans un plat avec la moelle rôtie. Arrosez le tout de sauce et servez.

Voir variantes p. 197

Ragoût de queue de bœuf, purée de panais

Pour 4 personnes

Servie avec une délicate purée de panais, la queue de bœuf est tout simplement délicieuse. Vous aurez sans doute envie de la proposer comme plat principal à vos convives !

Pour le ragoût de queue de bœuf
30 ml (2 c. à s.) d'huile d'olive
1 kg (2 lb) de queue de bœuf, parée et coupée
   en tronçons de 5 cm (2 po)
8 échalotes, pelées
2 grosses gousses d'ail, écrasées
15 ml (1 c. à s.) de concentré de tomate
1 branche de céleri, finement émincée
1 carotte, finement émincée
60 cl (2 ½ tasses) de vin rouge

60 cl (2 ½ tasses) de bouillon de bœuf
15 ml (1 c. à s.) de thym frais, finement ciselé
1 feuille de laurier
15 ml (1 c. à s.) de persil frais, finement ciselé
Sel et poivre noir fraîchement moulu
Pour la purée de panais
3 gros panais, pelés et coupés en dés
25 g (⅛ tasse) de beurre
60 ml (4 c. à s.) de crème 35 %
Sel et poivre noir fraîchement moulu

Préchauffez le four à 285 °F (140 °C). Dans une cocotte en fonte, faites chauffer l'huile et faites-y revenir les tronçons de queue de bœuf ; ils doivent être dorés. Réservez-les. Dans la matière grasse restant dans la cocotte, faites caraméliser les échalotes, ajoutez l'ail et le concentré de tomate. Poursuivez la cuisson 1 min en remuant, puis ramenez la queue de bœuf dans la cocotte. Ajoutez le céleri, la carotte, le vin, le bouillon, le thym, le laurier, le persil, le sel et le poivre. Portez à ébullition, couvrez la cocotte et enfournez 3 h ; la viande doit se détacher de l'os et la sauce doit réduire et épaissir. Portez à ébullition une casserole d'eau salée et plongez-y les panais. Égouttez-les dès qu'ils sont tendres, puis mixez-les avec le beurre, la crème, le sel et le poivre. Mettez la purée au fond d'un plat et disposez la viande (avec ou sans os) par-dessus.

Voir variantes p. 198

Veau à la milanaise
à la sauce et aux anchois

Pour 4 personnes

Une escalope de veau panée, servie avec des sandwichs d'anchois à la sauce croustillante, le tout rehaussé de citron... Je vous laisse deviner le plaisir gastronomique que vous réserve ce mariage divin !

4 petites escalopes de veau
30 ml (2 c. à s.) de farine blanche,
    salée et poivrée
1 gros œuf fermier, battu
140 g (⅓ tasse) de chapelure

55 g (¼ tasse) de beurre
60 ml (4 c. à s.) d'huile d'olive
12 filets d'anchois en conserve
24 petites feuilles de sauge fraîche
1 citron, coupé en quatre

Placez les escalopes entre deux épaisseurs de film alimentaire et aplatissez-les à l'aide d'un rouleau à pâtisserie ou d'un marteau à viande. Mettez dans trois petits bols, la farine, l'œuf battu et la chapelure. Passez les escalopes tour à tour dans la farine, dans l'œuf battu, puis dans la chapelure. Dans une grande poêle, faites chauffer à feu moyen le beurre et l'huile, puis mettez-y les escalopes panées à revenir 3 à 4 min de chaque côté ; elles doivent être croustillantes et dorées. Égouttez-les sur du papier absorbant et réservez-les au chaud. Disposez chaque filet d'anchois sur 1 feuille de sauge (si nécessaire, coupez les anchois afin qu'ils soient de la même longueur que les feuilles). Écrasez doucement les anchois à la fourchette, puis recouvrez chacun de 1 feuille de sauge pour former des sandwichs (pressez bien pour éviter qu'ils ne se séparent). Dans la poêle de cuisson des escalopes, faites revenir les sandwichs d'anchois 1 min de chaque côté, puis égouttez-les sur du papier absorbant. Servez-les en accompagnement des escalopes, avec un quartier de citron.

Voir variantes p. 199

Faux-filet grillé, sauce aux cèpes

Pour 4 personnes

Ce classique de la cuisine italienne présente l'inconvénient d'être très riche. Quant aux tapas, elles ont l'avantage d'être servies en portions réduites, ce qui permet de goûter plusieurs préparations relativement onctueuses et savoureuses. Alors pourquoi se priver ?

225 g (8 oz) de cèpes déshydratés
225 g (8 oz) de faux-filet
Sel et poivre noir fraîchement moulu
40 g (¹/₅ tasse) de beurre
2 échalotes, finement émincées

1 gousse d'ail, écrasée
125 ml (½ tasse) de bouillon de volaille
    ou de bœuf
7,5 ml (½ c. à s.) d'estragon frais, finement ciselé
150 g (³/₅ tasse) de crème fraîche Liberté

Mettez les cèpes déshydratés dans un saladier, recouvrez-les d'eau chaude (mais pas bouillante) et réservez 20 min. Sortez les cèpes de l'eau et hachez-les ; réservez leur eau de trempage. Salez et poivrez généreusement le faux-filet des deux côtés. Faites chauffer une poêle-gril à feu vif et mettez-y la viande à cuire 2 à 3 min de chaque côté ; elle doit être grillée à l'extérieur et rester saignante à cœur. Couvrez et réservez quelques instants.

Dans une petite poêle, faites fondre le beurre et mettez-y les échalotes à revenir. Dès qu'elles sont tendres, ajoutez l'ail et poursuivez la cuisson quelques minutes sans cesser de remuer. Ajoutez les champignons et laissez cuire quelques minutes de plus. Mouillez avec l'eau de trempage des champignons et le bouillon, puis ajoutez l'estragon. Laissez mijoter à petit feu ; le liquide doit réduire jusqu'au tiers de son volume initial. Incorporez la crème, rectifiez l'assaisonnement si besoin, puis laissez mijoter la sauce encore quelques instants avant d'en napper la viande.

Voir variantes p. 200

Onglet, purée de céleri-rave et chou rouge

Pour 4 personnes

Maigre et tendre à souhait, l'onglet – appelé «morceau du boucher» – fait de délicieuses tapas d'hiver, en particulier lorsqu'il est accompagné de céleri-rave et de chou rouge.

225 g (1 ½ tasse) de céleri-rave, pelé et coupé
 en dés
60 cl (2 ½ tasses) de lait
Sel et poivre noir fraîchement moulu
100 g (½ tasse) de beurre
15 ml (1 c. à s.) de graines de fenouil, écrasées

1 oignon rouge, finement émincé
225 g (3 tasses) de chou rouge, finement émincé
52 ml (3 ½ c. à s.) de vinaigre de vin rouge
15 ml (1 c. à s.) de cassonade
225 g (8 oz) d'onglet de bœuf
Huile d'olive

Faites bouillir le céleri dans le lait légèrement salé. Dès qu'il est tendre, égouttez-le, en réservant 45 ml (3 c. à s.) du liquide de cuisson. Dans un robot, mixez le céleri-rave avec la moitié du beurre, du sel, du poivre et les 45 ml (3 c. à s.) de lait réservé, jusqu'à obtention d'une purée épaisse ; réservez au chaud. Dans une casserole à fond épais, faites fondre le reste du beurre à feu vif, mettez-y les graines de fenouil à revenir, puis ajoutez l'oignon et le chou. Après 5 min de cuisson, mouillez avec le vinaigre, ajoutez la cassonade et laissez mijoter jusqu'à évaporation complète du liquide. Mouillez avec 10 cl (²/₅ tasse) d'eau et poursuivez la cuisson 15 min à feu très doux. Pendant ce temps, badigeonnez l'onglet d'huile d'olive, salez-le et poivrez-le. Faites chauffer une poêle-gril à feu vif et mettez-y la viande à cuire 2 à 3 min de chaque côté ; elle doit être grillée à l'extérieur et saignante à cœur. Réservez-la à couvert 10 min environ, puis découpez-la en 4 morceaux. Garnissez le fond d'un plat de service de la purée de céleri et d'un peu de chou, disposez les morceaux de viande par-dessus, puis arrosez le tout du jus de cuisson.

Voir variantes p. 201

Carpaccio de bœuf, mayonnaise aux anchois et ail croustillant

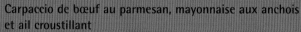

Recette de base p. 177

Carpaccio de bœuf au parmesan, mayonnaise aux anchois et ail croustillant
Suivez la recette de base, en ajoutant 30 ml (2 c. à s.) de parmesan fraîchement râpé à la mayonnaise, et en parsemant la viande de 30 ml (2 c. à s.) de copeaux de parmesan.

Carpaccio de bœuf classique
Suivez la recette de base, en supprimant la mayonnaise. Arrosez la viande d'un trait d'huile d'olive et d'un peu de jus de citron, et parsemez-la de 30 ml (2 c. à s.) de parmesan.

Carpaccio de bœuf au parmesan et au bacon, mayonnaise aux anchois et ail croustillant
Suivez la recette de base, en parsemant la viande de 85 g (3 oz) de bacon frit et émietté et de 30 ml (2 c. à s.) de copeaux de parmesan.

Carpaccio de bœuf aux anchois, mayonnaise aux anchois et ail croustillant
Suivez la recette de base, en parsemant la viande de 12 filets d'anchois marinés.

Filet de bœuf au rioja et au bleu

Recette de base p. 179

Filet de bœuf au bleu
Suivez la recette de base, en supprimant la sauce au vin rouge.

Filet de cerf, sauce au rioja, au genièvre et au bleu
Suivez la recette de base, en remplaçant le filet de bœuf par 1 filet de cerf, et
le bâton de cannelle par 4 baies de genièvre écrasées et 1 feuille de laurier.

Filet mignon de porc au rioja et au bleu
Suivez la recette de base, en remplaçant le filet de bœuf par 1 filet mignon
de porc.

Filet de cerf au rioja et au fromage de chèvre
Suivez la recette de base, en remplaçant le filet de bœuf par 1 filet de cerf,
et le bleu par 1 fromage de chèvre au goût assez prononcé.

Variantes

Brochettes de bœuf, sauce béarnaise

Recette de base p. 180

Brochettes de bœuf au sésame, sauce béarnaise
Suivez la recette de base, en passant les dés de bœuf dans 30 ml (2 c. à s.) de
graines de sésame avant de les faire cuire.

Brochettes de bœuf aux herbes, sauce béarnaise
Suivez la recette de base, en passant les dés de bœuf dans 5 ml (1 c. à t.) de
romarin frais ciselé et 5 ml (1 c. à t.) de thym frais ciselé avant de les faire
cuire.

Brochettes de cerf, sauce béarnaise
Suivez la recette de base, en remplaçant le bœuf par du filet de cerf.

Brochettes de bœuf, sauce béarnaise à l'ail rôti
Suivez la recette de base, en ajoutant à la sauce béarnaise 1 tête d'ail rôtie
et réduite en purée.

Faux-filet aux piquillos et frites de polenta

Recette de base p. 182

Faux-filet aux piments de padrón et frites de polenta
Suivez la recette de base, en remplaçant les piquillos par des piments
de padrón (ou piments verts doux).

Faux-filet aux poivrons jaunes rôtis et frites de polenta
Suivez la recette de base, en remplaçant les piquillos par des poivrons jaunes
rôtis à l'huile.

Faux-filet aux piquillos et frites de polenta au fromage de chèvre
Suivez la recette de base, en remplaçant le beurre dans la polenta par
du fromage de chèvre.

Faux-filet aux piquillos et frites de polenta aux herbes
Suivez la recette de base, en agrémentant la polenta de 5 ml (1 c. à t.) de
thym finement ciselé.

Variantes

Bavette d'aloyau à la moelle

Recette de base p. 184

Bavette d'aloyau
Suivez la recette de base, en supprimant les os à moelle.

Bavette d'aloyau à la truffe
Suivez la recette de base, en supprimant les os à moelle et en arrosant
la viande d'un trait d'huile parfumée à la truffe blanche.

Bavette d'aloyau à la pancetta et à la moelle
Suivez la recette de base, en ajoutant à la sauce 85 g (3 oz) de pancetta coupée
en dés, en même temps que les échalotes.

Bavette d'aloyau à la moelle classique
Suivez la recette de base, en supprimant la sauce aux échalotes. Servez
la viande accompagnée seulement de la moelle.

Ragoût de queue de bœuf, purée de panais

Recette de base p. 187

Joues de bœuf braisées, purée de panais
Suivez la recette de base, en remplaçant la queue de bœuf par de la joue
de bœuf. Comptez 4 h de cuisson.

Queue de bœuf braisée à la bière, purée de panais
Suivez la recette de base, en remplaçant de vin rouge par de la bière.

Ragoût de queue de bœuf, purée de pommes de terre
Suivez la recette de base, en remplaçant les panais par la même quantité
de pommes de terre.

Ragoût de queue de bœuf à la polenta
Suivez la recette de base, en remplaçant la purée de panais par de la polenta.
Versez en pluie 150 g (5 oz) de polenta dans 60 cl (2 ½ tasses) de bouillon de
volaille très chaud, puis laissez mijoter le tout 3 min. Agrémentez la polenta de
55 g (¼ tasse) de beurre et de 30 ml (2 c. à s.) de parmesan fraîchement râpé.

Variantes

Veau à la milanaise à la sauge et aux anchois

Recette de base p. 188

Veau à la milanaise et œuf à cheval à la sauge et aux anchois
Suivez la recette de base, en agrémentant chaque escalope de veau d'un œuf
sur le plat.

Veau à la milanaise à la sauge, aux câpres et aux anchois
Suivez la recette de base, en ajoutant 30 ml (2 c. à s.) de câpres dans la poêle
en même temps que les feuilles de sauge aux anchois.

Veau à la milanaise à la sauge et aux câpres
Suivez la recette de base, en supprimant les anchois et en ajoutant
30 ml (2 c. à s.) de câpres dans la poêle en même temps que les feuilles
de sauge.

Veau à la milanaise, panure à la sauge
Suivez la recette de base, en supprimant les anchois. Hachez finement
les feuilles de sauge et mélangez-les à la chapelure avant de paner la viande.

Faux-filet grillé, sauce aux cèpes

Recette de base p. 191

Faux-filet grillé, sauce aux champignons sauvages
Suivez la recette de base, en remplaçant les cèpes par des champignons
sauvages de saison.

Faux-filet grillé, sauce aux champignons et au stilton
Suivez la recette de base, en remplaçant les cèpes par des champignons
de Paris bruns. Incorporez à la sauce 55 g (2 oz) de stilton émietté
(ou d'un autre fromage à pâte persillée).

Faux-filet grillé, sauce au stilton
Suivez la recette de base, en supprimant les champignons. Incorporez
à la sauce 55 g (2 oz) de stilton émietté.

Faux-filet grillé, sauce aux cèpes et au vermouth
Suivez la recette de base, en ajoutant 30 ml (2 c. à s.) de vermouth aux
champignons cuits. Laissez s'évaporer l'alcool à feu vif avant de poursuivre
la recette.

Variantes

Onglet, purée de céleri-rave et chou rouge

Recette de base p. 192

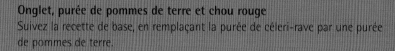

Onglet, purée de pommes de terre et chou rouge
Suivez la recette de base, en remplaçant la purée de céleri-rave par une purée
de pommes de terre.

Onglet, chou rouge et purée de céleri-rave et de marrons
Suivez la recette de base, en ajoutant 45 ml (3 c. à s.) de purée de marrons
à la purée de céleri-rave.

Onglet, purée de céleri-rave, betterave et chou rouge
Suivez la recette de base, en ajoutant 1 betterave râpée dans la casserole
en même temps que le chou rouge.

Onglet, purée de céleri-rave et chou rouge épicé
Suivez la recette de base, en faisant cuire le chou rouge avec 1 pincée
de copeaux de piments rouges secs et ½ bâton de cannelle.

Tapas exóticas
Tapas de gibier

Ne soyez pas rebuté par l'inconnu. Laissez-vous

tenter par ces recettes qui vous permettront

de découvrir sous leur meilleur jour des ingrédients

peu courants. Il n'y a rien de plus appétissant

qu'un filet de cerf à la crème de céleri-rave

ou des ris de veau au xérès. Suivez le guide !

Cerf au porto, au genièvre et à la cannelle, purée de céleri-rave

Pour 4 personnes

Rien n'accompagne mieux du cerf fondant qu'un bon porto.

250 g (9 oz) de steak de cerf, paré
Sel et poivre noir fraîchement moulu
30 ml (2 c. à s.) d'huile d'olive
30 ml (2 c. à s.) de beurre
2 brins de thym frais
4 baies de genièvre, écrasées
2 gousses d'ail, grossièrement hachées

10,5 cl (7 c. à s.) de porto
20 cl (7/8 tasse) de bouillon de bœuf
1 bâton de cannelle
40 cl (1 3/5 tasse) de lait
250 g (1 ½ tasse) de céleri-rave, pelé et
	coupé en dés
1 trait de vinaigre de vin rouge

Salez et poivrez généreusement le steak de cerf. Dans une poêle à fond épais, faites chauffer à feu moyen l'huile et la moitié du beurre, et mettez-y la viande à revenir 2 à 3 min ; elle doit être dorée. Ajoutez le thym, le genièvre et l'ail, et poursuivez la cuisson à feu doux 10 min environ ; la viande doit être saignante. Sortez la viande de la poêle, réservez-la 10 min à couvert. Déglacez la poêle avec le porto, mouillez avec le bouillon, puis ajoutez la cannelle et laissez réduire à feu moyen.

Pendant ce temps, salez et poivrez généreusement le lait et faites-y pocher le céleri. Dès qu'il est tendre, égouttez-le en réservant le liquide de cuisson. À l'aide d'un robot, mixez le céleri avec un peu de liquide de cuisson et le reste de beurre, jusqu'à obtention d'une purée lisse. Agrémentez la sauce au porto d'un trait de vinaigre, et ôtez la cannelle et les baies de genièvre. Découpez la viande en 4 lamelles. Servez-la sur un lit de purée de céleri et arrosez de sauce.

Voir variantes p. 219

Cailles épicées à la grenade

Pour 4 personnes

Ces cailles aux accents moyen-orientaux sont enrobées de cinq-épices et agrémentées de mélasse et de graines de grenade.

2 cailles moyennes (environ 140 g [5 oz] chacune)
15 ml (1 c. à s.) de cinq-épices
Sel et poivre noir fraîchement moulu
1 trait d'huile d'olive + 15 ml (1 c. à s.)

30 ml (2 c. à s.) de mélasse de grenade
1 pincée de cannelle en poudre
15 ml (1 c. à s.) de graines de grenade

Rincez les cailles sous l'eau froide et épongez-les soigneusement. Frottez-les avec le cinq-épices, le sel et le poivre, puis réservez-les à couvert 1 h environ pour permettre à leur chair de s'imprégner du parfum des épices.

Après 1 h, préchauffez le four à 350 °F (180 °C). Dans une grande poêle, faites chauffer à feu moyen un trait d'huile d'olive et mettez-y les cailles à revenir (dos vers vous) 3 à 4 min ; elles doivent être légèrement dorées. Transvasez-les dans un plat de cuisson (dos contre le fond du plat) et enfournez-les 6 à 8 min. Pour vérifier la cuisson, piquez la partie la plus charnue des cailles ; elles sont cuites si un jus clair s'échappe de l'incision. Réservez au chaud.

Dans une petite casserole, faites chauffer la mélasse de grenade avec 15 ml (1 c. à s.) d'huile d'olive et la cannelle. Coupez les cailles en quatre et débarrassez-les de leur épine dorsale. Disposez les morceaux de caille dans un plat, arrosez-les de sauce à la grenade et parsemez le tout de graines de grenade.

Voir variantes p. 220

Cassoulet de faisan rôti

Pour 4 personnes

Le cassoulet traditionnel se compose de haricots blancs mijotés avec des saucisses de Toulouse, mais rien n'interdit de varier les ingrédients ! Cette recette-ci permet de réaliser un cassoulet gratiné onctueux avec du faisan.

1 jeune faisan dodu, avec la peau
Sel et poivre noir fraîchement moulu
60 ml (4 c. à s.) d'huile d'olive + 1 filet
1 petit oignon, finement haché
200 g (7 oz) de bacon, coupé en dés
40 cl (1 3/5 tasse) de vin blanc sec
40 cl (1 3/5 tasse) de bouillon de volaille
1 feuille de laurier, écrasée

3 brins de thym frais
400 g (14 oz) de haricots blancs, rincés
    et égouttés
Le zeste et le jus de ½ petit citron
55 g (½ tasse) de chapelure
5 ml (1 c. à t.) de persil frais, finement ciselé
5 ml (1 c. à t.) de beurre, fondu

Préchauffez le four à 350 °F (180 °C). Épongez soigneusement la volaille avec du papier absorbant et frottez-la vigoureusement de sel et de poivre.

Dans une grande cocotte en fonte munie d'un couvercle, faites chauffer à feu vif 30 ml (2 c. à s.) d'huile d'olive et faites-y dorer le faisan sur toutes ses faces. Sortez-le de la cocotte et réservez. Baissez le feu sous la cocotte, mettez-y 30 ml (2 c. à s.) d'huile et faites-y revenir l'oignon et le bacon ; l'oignon doit être tendre et le bacon doré. Mouillez avec le vin et laissez bouillonner pour que l'alcool s'évapore. Mélangez bien en raclant les parois et le fond de la cocotte pour récupérer les sucs de la viande. Ajoutez le bouillon de volaille, la feuille de laurier, le thym, les haricots blancs, ainsi que le zeste et le jus de citron. Salez, poivrez et mélangez bien.

Pendant ce temps, mélangez la chapelure, le persil, le beurre et un filet d'huile d'olive. Ramenez le faisan dans la cocotte, en appuyant légèrement pour qu'il s'enfonce dans les haricots blancs. Parsemez le tout de chapelure, couvrez la cocotte, puis enfournez 10 min. Enlevez le couvercle, puis poursuivez la cuisson 10 min de plus ; le faisan est cuit lorsqu'une pique enfoncée dans sa partie la plus charnue libère un jus clair. Servez dès la sortie du four. Munis d'une fourchette, les convives piquent directement dans la cocotte.

Voir variantes p. 221

Sanglier aux champignons sauvages

Pour 4 personnes

Très proche de la viande de porc, la viande de sanglier est celle qui convient le mieux aux néophytes voulant se familiariser avec le gibier. Partant du principe selon lequel ce qui se côtoie dans la nature se marie bien dans la casserole, j'ai pensé que des champignons sauvages feraient un accompagnement parfait pour le sanglier.

4 gousses d'ail, écrasées
60 ml (4 c. à s.) d'huile d'olive
2 échalotes, finement émincées
½ branche de céleri, finement hachée
2 feuilles de laurier frais, écrasées
1 brin de romarin frais, finement ciselé
2 brins de thym frais, finement ciselés
4 baies de genièvre, écrasées dans un mortier
18 cl (¾ tasse) de vin rouge

Sel et poivre noir fraîchement moulu
250 g (9 oz) d'épaule de sanglier, coupée en dés
15 ml (1 c. à s.) de farine
30 cl (1 ⅕ tasse) de bouillon de volaille
30 ml (2 c. à s.) de marrons en conserve, grossièrement hachés
30 ml (2 c. à s.) de beurre
275 g (4 tasses) de champignons sauvages
30 ml (2 c. à s.) de crème 15 %

Dans un grand saladier, préparez la marinade en mélangeant l'ail, 45 ml (3 c. à s.) d'huile d'olive, les échalotes, le céleri, les herbes aromatiques, les baies de genièvre, le vin, du sel et du poivre. Mélangez vigoureusement jusqu'à obtention d'une émulsion. Ajoutez-y la viande et mélangeant bien, afin qu'elle soit uniformément enduite de marinade. Couvrez le saladier d'un film alimentaire et réservez une nuit au réfrigérateur.

Préchauffez le four à 300 °F (150 °C). Dans une cocotte en fonte, faites chauffer à feu vif 15 ml (1 c. à s.) d'huile d'olive. Sortez la viande de la marinade et mettez-la à revenir dans l'huile chaude. Sortez-la de la cocotte et réservez. Versez la farine en pluie dans la cocotte et faites-la brunir 1 min environ. Mouillez avec le reste de marinade. Dès que les légumes commencent à

caraméliser, ramenez la viande dans la cocotte. Mouillez avec le bouillon de volaille et ajoutez les marrons. Portez le tout à ébullition, couvrez la cocotte et enfournez 2 h 30.

Avant de servir, faites fondre le beurre dans une poêle et mettez-y les champignons à revenir 4 à 5 min ; ils doivent être dorés. Ajoutez-les dans la cocotte, versez la crème et mélangez. Servez sans attendre avec du pain bien croustillant.

Voir variantes p. 222

Ballottine de lapin aux haricots blancs

Pour 4 personnes

Cette ballottine donne une viande juteuse enveloppant une farce très parfumée.
Demandez à votre boucher de désosser le lapin ; vous n'aurez plus qu'à le farcir.

1 lapin entier, désossé, en 1 pièce
3 brins de romarin frais
   + 2 brins pour les haricots
4 brins de thym frais, effeuillés
300 g (10½ oz) de pancetta maigre, coupée en dés

Sel et poivre noir fraîchement moulu
30 ml (2 c. à s.) d'huile d'olive
18 cl (¾ tasse) de vin blanc sec
10 cl (⅖ tasse) de bouillon de volaille
400 g (14 oz) de haricots blancs, égouttés

Sur la table de travail, étalez le lapin bien à plat, ouvert, peau vers le bas. Disposez les herbes et la moitié de la pancetta sur l'un des deux blancs, sur toute sa longueur. Salez et poivrez, repliez l'autre blanc par-dessus le premier et roulez le tout relativement serré. Emballez la ballottine dans du film alimentaire en tordant les extrémités pour faire une enveloppe hermétique. Portez à ébullition une grande casserole d'eau et pochez-y 25 min la ballottine emballée. Sortez-la de l'eau, laissez-la refroidir un peu et déballez-la. Faites chauffer une grande poêle à feu moyen avec 15 ml (1 c. à s.) d'huile d'olive et mettez-y la ballottine à revenir 5 min ; elle doit être bien dorée. Sortez la ballottine de la poêle et réservez-la. Pendant ce temps, faites chauffer 15 ml (1 c. à s.) d'huile et mettez-y le reste de pancetta à revenir ; les dés doivent être dorés. Ajoutez le vin et laissez la sauce réduire des deux tiers. Mouillez avec le bouillon de volaille, puis ajoutez les haricots blancs et 2 brins de romarin coupés en deux. Laissez mijoter 10 min à feu moyen, en remuant de temps à autre sans écraser les haricots. Découpez la ballottine en 8 tranches fines. Disposez-les dans un plat par-dessus les haricots et arrosez de jus de cuisson.

Voir variantes p. 223

Foies de volaille au xérès pedro ximénez et au jambon ibérique

Pour 4 personnes

Le xérès pedro ximénez est plutôt épais et sirupeux. Sa douceur rehausse parfaitement les foies de volaille, l'ensemble se mariant à merveille avec du jambon ibérique croustillant et salé à souhait.

30 ml (2 c. à s.) de beurre
15 ml (1 c. à s.) d'huile d'olive
4 fines tranches de jambon ibérique
Sel et poivre noir fraîchement moulu

85 g (3 oz) de foies de volaille frais, débarrassés de leur graisse
24 cl (16 c. à s.) de xérès pedro ximénez

Dans une grande poêle à fond épais, faites chauffer le beurre et l'huile. Lorsque le beurre commence à mousser, mettez-y le jambon à revenir 1 min environ ; il doit être croustillant. Sortez-le de la poêle à l'aide d'une écumoire et réservez-le.

Salez et poivrez généreusement les foies de volaille et faites-les revenir dans la poêle 30 s de chaque côté. Sortez-les de la poêle et réservez-les à couvert pour les maintenir au chaud. Déglacez la poêle avec le xérès pedro ximénez et laissez frémir la sauce jusqu'à ce qu'elle réduise des deux tiers.

Mettez les foies de volaille dans un plat, disposez le jambon croustillant par-dessus et arrosez de la réduction de xérès.

Voir variantes p. 224

Foie de veau aux petits oignons, au jambon serrano et au xérès doux

Pour 4 personnes

La version espagnole du classique foie de veau au bacon et aux oignons est plus raffinée. La préparation est rehaussée de xérès doux.

30 ml (2 c. à s.) de beurre
4 oignons sauciers (ou 4 échalotes), pelés
    et coupés en deux
8 cl (⅓ tasse) de xérès doux
Sel et poivre noir fraîchement moulu

4 tranches de jambon serrano
110 g (4 oz) de foie de veau
30 ml (2 c. à s.) de farine, salée et poivrée
30 ml (2 c. à s.) d'huile d'olive

Dans une casserole de taille moyenne à fond épais, faites fondre le beurre et mettez-y les oignons à revenir. Dès qu'ils sont dorés, ajoutez le xérès, le sel et le poivre, puis réduisez le feu et laissez mijoter à petits bouillons, de sorte que les oignons cuisent doucement dans la réduction de xérès ; ils doivent être tendres et baigner dans une sauce légèrement sirupeuse.

Dans une poêle, faites griller les tranches de jambon ; elles doivent être croustillantes sur les bords. Réservez-les. Salez et poivrez le foie de veau, puis farinez-le légèrement. Dans une grande poêle à fond épais, faites chauffer l'huile et mettez-y le foie à revenir ; il doit être doré à l'extérieur, mais rester rosé et juteux à cœur.

Découpez le foie de veau en lamelles et servez-le avec les oignons et la réduction de xérès. Parsemez le tout de jambon émietté.

Voir variantes p. 225

Foie gras poêlé, raisins secs au xérès et toasts de pain de campagne

Pour 4 personnes

Les escalopes de foie frais poêlées font un plat relativement riche, pour lequel les amateurs se damneraient. Les raisins, doux et juteux, se marient magnifiquement avec l'onctuosité du foie. Quel délice !

30 ml (2 c. à s.) de raisins secs
52 ml (3 ½ c. à s.) de xérès
2 escalopes de foie gras cru, dénervées

Sel et poivre noir fraîchement moulu
4 petites tranches de pain de campagne, grillées

Dans un saladier, mélangez les raisins secs et le xérès, puis réservez 4 h environ ; les raisins doivent gonfler.

Faites chauffer à blanc une grande poêle antiadhésive et mettez-y les escalopes de foie gras cru à revenir 40 à 50 s de chaque côté ; elles doivent être rosées. Sortez-les de la poêle, égouttez-les quelques instants sur du papier absorbant, réservez-les dans un plat, salez et poivrez. Versez les raisins et le xérès dans la poêle chaude et raclez bien le fond et les parois de la poêle à l'aide d'une cuillère en bois pour déglacer les sucs de cuisson ; vous obtiendrez ainsi une sauce épaisse.

Répartissez le foie gras entre les 4 tartines de pain de campagne, parsemez de raisins et arrosez d'un trait de sauce. Servez sans attendre.

Voir variantes p. 226

Ris de veau au xérès pedro ximénez

Pour 4 personnes

Si vous ne mangez des ris de veau qu'au restaurant, voici une occasion de vous
rendre compte combien il est facile de les préparer soi-même. Caramélisés dans
le plus prestigieux des xérès, ils sont tout simplement délicieux.

5 ml (1 c. à t.) d'huile végétale
1 petite carotte, grossièrement coupée
1 oignon, haché
1 gousse d'ail, écrasée
1 feuille de laurier, écrasée

150 g (5 oz) de ris de veau
30 ml (2 c. à s.) de farine, salée et poivrée
30 ml (2 c. à s.) de beurre
52 ml (3 ½ c. à s.) de xérès pedro ximénez
15 cl (5/8 tasse) de bouillon de bœuf ou de volaille

Dans une casserole de taille moyenne, mettez l'huile, les légumes, l'ail et la feuille de laurier.
Ajoutez les ris de veau, remplissez la casserole d'eau et portez à ébullition. Dès les premiers
bouillons, réduisez le feu et laissez mijoter 6 min. Sortez les ris de veau de l'eau et laissez-les
refroidir. Dès qu'ils peuvent être manipulés, ôtez la membrane qui les entoure. Farinez-les,
puis secouez-les légèrement pour enlever l'excès de farine.

Faites fondre le beurre dans une poêle et faites-y revenir les ris de veau farinés 4 min environ ;
ils doivent être dorés à l'extérieur, tout en demeurant fermes au toucher. Sortez les ris de veau
de la poêle, puis réservez-les à couvert pour éviter qu'ils refroidissent.

Mouillez la poêle avec le xérès et le bouillon, remuez et laissez mijoter ; le liquide doit
réduire de moitié. Juste avant de servir, faites réchauffer les ris de veau dans la sauce
au xérès et servez sans attendre.

Voir variantes p. 227

Variantes

Cerf au porto, au genièvre et à la cannelle, purée de céleri-rave

Recette de base p. 203

Cerf au porto, au genièvre et à la cannelle, purée de pommes de terre
Suivez la recette de base, en remplaçant le céleri-rave par des pommes de terre farineuses (type russet), que vous réduirez en purée.

Cerf au porto, au genièvre et à la cannelle, purée de courge musquée
Suivez la recette de base, en remplaçant le céleri-rave par de la courge musquée. Au lieu de faire cuire la courge dans le lait, badigeonnez-la d'huile et passez-la à four chaud 25 min. Réduisez-la ensuite en purée avec du beurre. Salez et poivrez à votre convenance.

Cerf au porto, au genièvre, aux mûres et à la cannelle, purée de céleri-rave
Suivez la recette de base, en ajoutant 55 g (3/5 tasse) de mûres fraîches à la sauce, 2 min avant la fin de la cuisson.

Cerf au porto, au genièvre, aux cerises et à l'anis étoilé, purée de céleri-rave
Suivez la recette de base, en remplaçant le bâton de cannelle par 1 anis étoilé. Ajoutez 55 g (3/5 tasse) de cerises fraîches à la sauce, 2 min avant la fin de la cuisson.

Cailles épicées à la grenade

Recette de base p. 205

Cailles épicées à l'orange et à la grenade

Suivez la recette de base, en ajoutant 30 ml (2 c. à s.) de jus d'orange à la mélasse de grenade, et en faisant réduire la sauce 1 min environ.

Cailles épicées à l'orange

Suivez la recette de base, en remplaçant la mélasse de grenade par 60 ml (4 c. à s.) de jus d'orange, et en faisant réduire la sauce 1 min environ. Remplacez les graines de grenade par les quartiers de 1 orange.

Magret épicé à la grenade

Suivez la recette de base, en remplaçant les cailles par des magrets de canard. Faites cuire les magrets afin qu'ils soient saignants.

Cailles épicées à la grenade et aux noix caramélisées

Suivez la recette de base, en parsemant chaque caille de 15 ml (1 c. à s.) de noix caramélisées.

Variantes

Cassoulet de faisan rôti

Recette de base p. 206

Cassoulet de faisan rôti aux épices
Suivez la recette de base, en agrémentant la friture d'oignon et de bacon
de 1 pincée de copeaux de piments rouges secs et 1 pincée de paprika
en fin de cuisson.

Cassoulet de faisan rôti au chorizo
Suivez la recette de base, en remplaçant le bacon par du chorizo demi-sec
coupé en dés.

Cassoulet de poulet rôti
Suivez la recette de base, en remplaçant le faisan par du poulet. Prolongez
la cuisson de 5 min.

Cassoulet de faisan rôti et de saucisse de Toulouse
Suivez la recette de base, en faisant revenir le faisan avec 1 saucisse
de Toulouse à l'ail. Faites cuire la saucisse au four avec le faisan.

Sanglier aux champignons sauvages

Recette de base p. 208

Cerf aux champignons sauvages
Suivez la recette de base, en remplaçant le sanglier par 1 épaule de cerf.

Sanglier en sauce
Suivez la recette de base, en supprimant la crème et les champignons
pour une préparation plus légère.

Sanglier aux pommes
Suivez la recette de base, en remplaçant les champignons par 1 pomme
coupée en huit.

Sanglier aux champignons sauvages en persillade
Suivez la recette de base, en faisant revenir les champignons avec 2 gousses
d'ail et en les parsemant de 5 ml (1 c. à t.) de persil frais finement ciselé.

Variantes

Ballottine de lapin aux haricots blancs

Recette de base p. 210

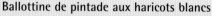

Ballottine de pintade aux haricots blancs
Suivez la recette de base, en remplaçant le lapin par 1 pintade entière désossée.

Ballottine de lapin aux lentilles
Suivez la recette de base, en remplaçant les haricots blancs par des lentilles vertes en conserve.

Ballottine de lapin, haricots blancs au romarin et au chorizo
Suivez la recette de base, en supprimant la pancetta dans les haricots blancs, et en la remplaçant par la même quantité de chorizo demi-sec.

Ballottine de lapin, haricots blancs au romarin, à la pancetta et à la saucisse
Suivez la recette de base, en agrémentant les haricots blancs de 150 g (5 oz) de chair à saucisse, en même temps que la pancetta.

Foies de volaille au xérès pedro ximénez et au jambon ibérique

Recette de base p. 213

Foies de volaille au xérès pedro ximénez et au chorizo
Suivez la recette de base, en remplaçant le jambon ibérique par du chorizo sec coupé en fines rondelles.

Foies de volaille au madère et au jambon ibérique
Suivez la recette de base, en remplaçant le xérès par du madère.

Foies de volaille au xérès pedro ximénez et aux châtaignes
Suivez la recette de base, en remplaçant le jambon ibérique par 8 châtaignes pelées.

Foies de volaille au xérès pedro ximénez et à la sauge
Suivez la recette de base, en remplaçant le jambon ibérique par 8 feuilles de sauge fraîche.

Foies de volaille au porto et à la pancetta
Suivez la recette de base, en remplaçant le jambon ibérique par 55 g (2 oz) de pancetta coupée en dés, et le xérès par 8 cl (1/3 tasse) de porto.

Foie de veau aux petits oignons,
au jambon serrano et au xérès doux

Recette de base p. 214

Foie de veau aux petits oignons, au jambon serrano, à la sauge et au xérès doux

Suivez la recette de base, en y ajoutant 8 feuilles de sauge fraîche.
Saisissez-les dans le beurre avant de faire revenir les oignons ; elles doivent être croustillantes. Sortez-les de la poêle à l'aide d'une écumoire et réservez-les.
Parsemez-en la préparation au moment de servir.

Foie de veau aux oignons, au jambon serrano et au xérès doux

Suivez la recette de base, en remplaçant les oignons sauciers (ou les échalotes) par 1 oignon moyen tranché et 2 feuilles de sauge hachées, que vous ferez caraméliser.

Foie de veau aux petits oignons, à la pancetta et au xérès doux

Suivez la recette de base, en remplaçant le jambon serrano par 6 tranches de pancetta.

Foie de veau aux oignons et au jambon serrano, sauce aux xérès doux

Suivez la recette de base, en ajoutant au xérès 18 cl (¾ tasse) de bouillon de bœuf pour obtenir davantage de sauce.

Variantes

Foie gras poêlé, raisins secs au xérès et toasts de pain de campagne

Recette de base p. 217

Foie gras poêlé, raisins secs au xérès et toasts de pain aux noix et aux raisins
Suivez la recette de base, en remplaçant le pain de campagne par du pain aux noix et aux raisins.

Foie gras poêlé, raisins secs au xérès, toasts de pain de campagne à la truffe
Suivez la recette de base, en agrémentant les toasts de ¼ de truffe blanche râpée ou 1 trait d'huile parfumée à la truffe blanche.

Foie gras poêlé, raisins secs et noix confites au xérès, toasts de pain de campagne
Suivez la recette de base, en ajoutant 15 ml (1 c. à s.) de noix confites hachées aux raisins avant de les faire macérer.

Foie gras poêlé aux raisins, toasts de pain de campagne
Suivez la recette de base, en remplaçant les raisins secs par des raisins sans pépins.

Variantes

Ris de veau au xérès pedro ximénez

Recette de base p. 218

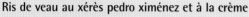

Ris de veau au xérès pedro ximénez et à la crème
Suivez la recette de base, en incorporant à la sauce 15 ml (1 c. à s.) de crème fraîche Liberté en fin de cuisson.

Ris de veau aux champignons sauvages et au xérès pedro ximénez
Suivez la recette de base, en faisant revenir 85 g (1 tasse) de champignons sauvages dans la poêle après y avoir fait cuire les ris de veau et avant d'y préparer la sauce. Sortez-les de la poêle à l'aide d'une écumoire et ajoutez-les dans la sauce en fin de préparation.

Ris de veau aux champignons sauvages, au xérès pedro ximénez et à la crème
Suivez la recette de base, en faisant revenir 85 g (1 tasse) de champignons sauvages dans la poêle après y avoir fait cuire les ris de veau et avant d'y préparer la sauce. Sortez-les de la poêle à l'aide d'une écumoire et ajoutez-les dans la sauce en fin de préparation, avec 15 ml (1 c. à s.) de crème fraîche Liberté et quelques brins d'estragon.

Ris de veau à la pancetta et au xérès pedro ximénez
Suivez la recette de base, en faisant revenir 85 g (3 oz) de pancetta coupée en dés dans la poêle après y avoir fait cuire les ris de veau et avant d'y préparer la sauce. Sortez les dés de pancetta de la poêle à l'aide d'une écumoire et ajoutez-les dans la sauce en fin de préparation.

Tapas de vegetales
Tapas de légumes

Qu'il s'agisse de la mini-tortilla traditionnelle

ou de préparations plus exotiques, les tapas

de légumes sont toujours très appréciées.

Servies chaudes ou froides, elles séduisent

par leurs saveurs délicates et rafraîchissantes.

Patatas bravas

Pour 4 personnes

Les *patatas bravas* sont des pommes de terre frites servies avec une délicieuse sauce tomate rehaussée d'épices au goût fumé.

Environ 450 g (1 lb) de pommes de terre
   cireuses (type charlotte), bien brossées
50 cl (2 tasses) d'huile d'olive (ou d'huile
   de tournesol), pour la friture
Pour la sauce tomate
45 ml (3 c. à s.) d'huile d'olive
1 petit oignon, émincé

1 gousse d'ail, pelée et émincée
1 petit piment rouge sec, émincé
2,5 ml (½ c. à t.) de paprika fumé
4 grosses tomates olivettes, concassées
10 ml (2 c. à t.) de concentré de tomate
Sel et poivre noir fraîchement moulu
Persil plat, haché pour garnir (facultatif)

Coupez les pommes de terre en morceaux de taille à peu près égale. Faites chauffer l'huile d'olive à feu doux dans une grande poêle, jusqu'à ce que de petites bulles remontent à la surface. Mettez-y les pommes de terre à frire 12 à 15 min ; elles doivent être tendres. Puis augmentez le feu et faites-les revenir à feu vif ; elles doivent être bien dorées.

Pendant la cuisson des pommes de terre, préparez la sauce ; dans une petite casserole, faites chauffer l'huile à feu vif et mettez-y l'oignon, l'ail et le piment à revenir 3 à 4 min ; les ingrédients doivent être tendres, mais pas colorés. Ajoutez le paprika et poursuivez la cuisson quelques instants. Incorporez les tomates concassées, le concentré de tomate et 12 cl (½ tasse) d'eau, puis laissez mijoter à feu doux 10 min en remuant de temps à autre ; les tomates doivent être tendres. Salez et poivrez. Sortez les pommes de terre de la poêle à l'aide d'une écumoire et égouttez-les sur du papier absorbant. Transvasez-les dans un plat chaud, arrosez-les de sauce tomate et servez sans attendre, après avoir parsemé de persil plat haché.

Voir variantes p. 246

Mini-tortilla

Pour 4 personnes

Les proportions de la mini-tortilla sont idéales pour réaliser quatre portions de tapas et obtenir une cuisson parfaite.

1 pomme de terre moyenne (type Yukon Gold),
   finement émincée
25 cl (1 tasse) d'huile d'olive
   + 15 ml (1 c. à s.) d'huile

1 oignon, finement émincé
2 gros œufs fermiers + 1 jaune d'œuf,
   battus
Sel et poivre noir fraîchement moulu

Dans une petite poêle, faites revenir les pommes de terre dans l'huile à feu doux 8 min environ ; elles doivent être juste tendres. Sortez-les de la poêle et réservez-les dans un saladier. Dans la même poêle, faites chauffer 15 ml (1 c. à s.) d'huile à feu doux et mettez-y l'oignon à revenir doucement 10 à 15 min ; il doit être tendre et doré. Sortez-le de la poêle et laissez-le refroidir. Dans le saladier de pommes de terre, ajoutez les œufs battus et les oignons, salez, poivrez, puis mélangez soigneusement. Versez l'ensemble dans une petite poêle (environ 12 cm [5 po] de diamètre) et baissez le feu au maximum.

De temps à autre, à l'aide d'une spatule, repliez légèrement les bords de l'omelette pour lui donner une forme arrondie. Lorsqu'elle est bien prise à l'extérieur, mais toujours un peu baveuse au centre, retournez-la : posez une assiette ou un couvercle sur la poêle et renversez l'ensemble pour que l'omelette se retrouve sur l'assiette ou le couvercle. Reposez la poêle sur le feu et, à l'aide d'une spatule, faites glisser l'omelette dans la poêle afin qu'elle cuise sur l'autre face. Comptez environ 2 min de cuisson, puis éteignez le feu. Réservez l'omelette dans la poêle 5 min environ. Elle doit être cuite mais moelleuse, voire un peu baveuse au centre.

Voir variantes p. 247

Beignets de fleurs de courgettes au chèvre et au miel de lavande

Pour 4 personnes

Les courgettes en fleurs sont tout simplement délicieuses, en particulier quand elles sont farcies. Quant au miel à la lavande – le plus savoureux qui soit –, il accompagne superbement le fromage de chèvre.

Huile végétale, pour la friture
4 petites courgettes, avec leurs fleurs
100 g (3 ½ oz) de fromage de chèvre frais
Le zeste de 1 citron
60 ml (4 c. à s.) de farine tout usage

30 ml (2 c. à s.) de fécule de maïs
Sel et poivre noir fraîchement moulu
Eau pétillante, glacée
15 ml (1 c. à s.) de miel de lavande

Dans un wok ou une sauteuse à bords hauts, faites chauffer l'huile à feu vif. Essuyez soigneusement les courgettes avec un torchon humide et ouvrez délicatement les fleurs. Fouettez le fromage de chèvre avec le zeste de citron, et farcissez les fleurs de courgettes de cette préparation. Prenez soin de bien replier les pétales autour de l'appareil.

Mélangez la farine, la fécule de maïs, le sel, le poivre et ajoutez-y juste ce qu'il faut d'eau pétillante pour obtenir une pâte à beignets (légèrement plus fluide qu'une pâte à crêpes). Plongez les courgettes dans la pâte, en veillant à ce qu'elles soient bien enrobées, puis faites-les frire 4 à 6 min dans l'huile chaude ; la pâte à beignets doit être dorée et croustillante. Sortez-les de l'huile à l'aide d'une écumoire et égouttez-les sur du papier absorbant. Disposez les beignets sur un plat, arrosez de miel, salez et poivrez légèrement, puis servez.

Voir variantes p. 248

Champignons en persillade

Pour 4 personnes

Cette recette est la preuve que l'on peut obtenir un résultat excellent avec les plus simples des ingrédients. L'ail fait ici des merveilles en faisant ressortir le goût des champignons. Servez avec du bon pain croustillant pour que vos convives puissent saucer à loisir.

30 ml (2 c. à s.) d'huile d'olive
5 gousses d'ail, finement émincées
450 g (1 lb) de champignons frais
    (éventuellement plusieurs variétés),
    nettoyés et coupés

12 cl (½ tasse) de xérès sec
30 ml (2 c. à s.) de persil plat frais,
    finement ciselé
Sel et poivre noir fraîchement moulu

Dans une petite poêle, faites chauffer l'huile à feu moyen et mettez-y l'ail à revenir. Dès qu'il est doré, ajoutez les champignons et laissez cuire en remuant régulièrement ; ils doivent être dorés. Mouillez avec le xérès, portez à ébullition et poursuivez la cuisson 1 min environ. Parsemez de persil, salez, poivrez, puis servez sans attendre.

Voir variantes p. 249

Feta et épinards en pâte filo

Pour 4 personnes

Le mélange d'ingrédients proposé dans cette recette est un classique, mais ces petits feuilletés peuvent être déclinés à l'infini. L'avantage de ce plat tient au fait qu'il peut être préparé à l'avance et enfourné juste avant de servir. Les restes peuvent être congelés ou dégustés le lendemain en entrée ou à l'apéritif.

225 g (7 oz) de feta
450 g (16 oz) de ricotta
275 g (1 ⅕ tasse) de petites pousses d'épinards, cuites et hachées
1 bouquet d'oignons verts, finement émincés
1 piment vert, finement émincé
75 g (2 ½ oz) de parmesan, fraîchement râpé

1 œuf
Noix de muscade, râpée
Sel et poivre noir fraîchement moulu
25 g (⅕ tasse) de chapelure
30 ml (2 c. à s.) d'huile d'olive
6 feuilles de pâte filo

Préchauffez le four à 350 °F (180 °C). Dans un grand saladier, mélangez la feta et la ricotta. Ajoutez les épinards, les oignons, le piment, le parmesan, l'œuf et la noix de muscade. Salez et poivrez généreusement, puis incorporez la moitié de la chapelure.
Huilez un plat de cuisson de 20×30 cm (8×12 po). Garnissez le fond du plat avec la moitié des feuilles de pâte filo ; badigeonnez chaque feuille d'un peu d'huile avant de poser la suivante. Parsemez les feuilles de pâte filo du reste de chapelure, puis déposez-y la préparation à la ricotta, en l'étalant délicatement pour éviter de repousser la chapelure sur les bords. Recouvrez du reste de feuilles de pâte filo, en badigeonnant chacune d'entre elles avec de l'huile d'olive. Huilez plus généreusement la dernière feuille. Incisez légèrement les feuilles en formant de petits triangles. Enfournez 35 à 40 min ; les feuilles de pâte filo doivent être dorées et croustillantes.

Voir variantes p. 250

Artichaut en panure épicée au citron

Pour 4 personnes

L'artichaut ainsi préparé est un véritable délice. Posez-le au milieu de la table à côté d'un bol de vinaigrette et laissez les convives piocher à leur guise.

1 gros artichaut
Le jus et le zeste de 1 citron
40 g (⅓ tasse) de chapelure
30 ml (2 c. à s.) de parmesan, fraîchement râpé
1 pincée de copeaux de piments secs
15 ml (1 c. à s.) d'herbes aromatiques, finement ciselées
15 ml (1 c. à s.) d'huile d'olive

Sel et poivre noir fraîchement moulu
Pour la vinaigrette
5 ml (1 c. à t.) de moutarde de Dijon
15 ml (1 c. à s.) de vinaigre de xérès
1 trait de jus de citron
Sel et poivre noir fraîchement moulu
45 ml (3 c. à s.) d'huile d'olive

Faites bouillir l'artichaut 30 min dans de l'eau salée additionnée de jus de citron. Dès que les feuilles se détachent facilement, sortez-le de l'eau. Pendant qu'il est encore chaud, écartez-en légèrement les feuilles sans les détacher ; l'artichaut doit ressembler à une fleur. Détachez les feuilles centrales blanches et violettes et enlevez le foin à l'aide d'une cuillère. Placez l'artichaut debout dans un plat de cuisson et préchauffez le four à 350 °F (180 °C).

Dans un bol, mélangez la chapelure, le parmesan, le zeste de citron, les copeaux de piments, les herbes et l'huile. Salez et poivrez. Farcissez l'artichaut de cette préparation et enfournez 25 min ; l'artichaut doit être doré. Pendant ce temps, préparez la vinaigrette en mélangeant tous les ingrédients jusqu'à obtention d'une émulsion.

Pour déguster l'artichaut, détachez les feuilles, plongez-les dans la vinaigrette et savourez la partie charnue de la feuille. Lorsque l'artichaut est entièrement effeuillé, mangez-en le fond.

Voir variantes p. 251

Asperges aux épinards,
à l'ail et aux pignons de pin

Pour 4 personnes

Légume de printemps originaire des pays méditerranéens, l'asperge se distingue par sa fraîcheur et son goût incomparables. Cette préparation est simple et le contraste entre les textures des asperges, des épinards et des pignons de pin est des plus intéressants.

1 botte d'asperges (environ 12 pièces)
15 ml (1 c. à s.) d'huile d'olive
2 gousses d'ail, émincées
1 pincée de copeaux de piments rouges secs

15 ml (1 c. à s.) de pignons de pin
1 poignée de petites pousses d'épinards
Sel et poivre noir fraîchement moulu

Portez à ébullition une casserole d'eau salée et plongez-y les asperges 2 min environ. Égouttez-les, puis réservez-les dans de l'eau glacée.

Dans une petite poêle, faites chauffer l'huile et mettez-y l'ail, les copeaux de piments rouges et les pignons de pin à revenir doucement 1 à 2 min. Dès que l'ail et les pignons de pin sont dorés, ajoutez les épinards. Dès qu'ils sont flétris, ajoutez les asperges, poursuivez la cuisson 1 min environ, puis salez et poivrez généreusement. Transvasez la préparation dans un plat et servez sans attendre.

Voir variantes p. 252

Gratin de céleri-rave à la truffe

Pour 4 personnes

Ce plat léger, mais savoureux, doit son originalité à la petite touche que lui apporte l'huile parfumée à la truffe. La fraîcheur du céleri-rave tranche agréablement avec la richesse de la crème.

225 g (1 ½ tasse) de céleri-rave, pelé
1 pomme de terre farineuse (type russet), pelée
60 ml (4 c. à s.) de crème 35 %

1 gousse d'ail, écrasée
30 ml (2 c. à s.) de beurre
5 ml (1 c. à t.) d'huile parfumée à la truffe

Préchauffez le four à 350 °F (180 °C). À l'aide d'une mandoline ou d'un couteau aiguisé, tranchez finement le céleri-rave et la pomme de terre.

Dans une grande casserole à fond épais, portez à ébullition la crème, l'ail et le beurre. Incorporez-y les lamelles de céleri-rave et de pommes de terre, en prenant bien soin de les enrober du mélange. Sortez la casserole du feu et arrosez d'un trait d'huile parfumée à la truffe.

Disposez les tranches de pommes de terre et de céleri dans un petit plat de cuisson, en les tassant légèrement. Nappez de sauce et enfournez 45 min à 1 h ; les légumes doivent être tendres. Servez sans attendre.

Voir variantes p. 253

Endives braisées aux noix et aux graines de grenade

Pour 4 personnes

Alliés à l'amertume des endives, l'arôme grillé des noix et la douceur de la grenade donnent à ce plat des accents moyen-orientaux. Pour extraire les graines de la grenade, coupez le fruit en deux, puis frappez l'écorce avec le dos d'une cuillère ; les graines tomberont d'elles-mêmes.

2 endives, coupées en deux dans le sens
   de la longueur
30 ml (2 c. à s.) d'huile d'olive
Sel et poivre noir fraîchement moulu

15 ml (1 c. à s.) de noix, grossièrement concassées
30 ml (2 c. à s.) de mélasse de grenade
10 ml (2 c. à t.) d'huile de noix
90 ml (6 c. à s.) de graines de grenade

Faites chauffer une poêle-gril jusqu'à ce qu'il s'en échappe de la fumée. Frottez les endives avec la moitié de l'huile d'olive, le sel et le poivre. Disposez-les dans la poêle, face coupée vers le bas, et faites-les cuire 2 min environ. Retournez-les et poursuivez la cuisson 1 min encore. Sortez les endives de la poêle et réservez-les sur un plat de service.

Dans une autre poêle, faites chauffer le reste d'huile d'olive. Mettez-y les noix à revenir 1 à 2 min ; elles doivent être grillées et dorées. Sortez la poêle du feu et ajoutez-y la mélasse de grenade, ainsi que l'huile de noix. Mélangez.

Versez la sauce sur les endives, puis parsemez de graines de grenade. Servez sans attendre.

Voir variantes p. 254

Salade tiède de lentilles au chèvre frais et à la betterave

Pour 4 personnes

Il n'existe pas de préparation aux lentilles plus savoureuse. Le chèvre frais fond lentement sur les lentilles tièdes, tandis que les betteraves libèrent leur jus rouge. Toutes ces saveurs se mêlent délicieusement.

100 g (3 ½ oz) de lentilles du Puy
2 petites échalotes, finement émincées
1 tomate, finement concassée
45 ml (3 c. à s.) d'huile d'olive extravierge
15 ml (1 c. à s.) de vinaigre de xérès
15 ml (1 c. à s.) de menthe, finement ciselée

Sel et poivre noir fraîchement moulu
100 g (3 ½ oz) de fromage de chèvre frais, émietté
1 betterave moyenne, rôtie, pelée et coupée en rondelles épaisses

Versez les lentilles en pluie dans une grande casserole d'eau bouillante (n'ajoutez pas de sel, cela les durcirait) et laissez bouillir 25 min environ ; les lentilles doivent être tendres. Sortez la casserole du feu, égouttez les lentilles, puis réservez-les dans la casserole chaude 5 min environ. Mélangez les lentilles, les échalotes, la tomate, l'huile, le vinaigre et la menthe. Salez et poivrez. Réservez la préparation 5 à 10 min.

Transvasez les lentilles dans un plat de service. Disposez par-dessus le fromage de chèvre frais émietté, ainsi que les rondelles de betterave et servez.

Voir variantes p. 255

Variantes

Patatas bravas

Recette de base p. 229

Patatas bravas à l'aïoli
Suivez la recette de base, en accompagnant les pommes de terre d'un aïoli
(p. 74). Vous pouvez conserver ou supprimer la sauce tomate.

Patatas bravas au chorizo
Suivez la recette de base, en garnissant la préparation de 6 rondelles
de chorizo frites.

Patatas bravas aux piquillos
Suivez la recette de base, en ajoutant 2 piquillos émincés dans la sauce
en fin de cuisson.

Patatas bravas à la morcilla
Suivez la recette de base, en ajoutant 1 morcilla (boudin espagnol) coupée
en morceaux et frite dans les pommes de terre, juste avant de les napper
de sauce.

Variantes

Mini-tortilla

Recette de base p. 231

Mini-tortilla à la patate douce
Suivez la recette de base, en remplaçant la pomme de terre par 1 patate douce.

Mini-tortilla à la pomme de terre et au poivron rouge
Suivez la recette de base, en ajoutant 1 poivron rouge grillé (en conserve) émincé à la préparation aux œufs, avant de la faire cuire.

Mini-tortilla à la pomme de terre et au chorizo
Suivez la recette de base, en ajoutant 2 rondelles de chorizo à la préparation aux œufs, avant de la faire cuire.

Mini-tortilla à la pomme de terre et aux épinards
Suivez la recette de base, en ajoutant 60 ml (4 c. à s.) d'épinards cuits et égouttés à la préparation aux œufs, avant de la faire cuire.

Beignets de fleurs de courgettes au chèvre et au miel de lavande

Recette de base p. 232

Beignets de fleurs de courgettes au chèvre et au miel de thym
Suivez la recette de base, en remplaçant le miel de lavande par du miel de thym, pour un résultat plus parfumé.

Tempura d'asperges au chèvre et au miel de lavande
Suivez la recette de base, en remplaçant les courgettes par de grosses asperges coupées en deux dans le sens de la longueur. Farcissez les asperges de l'appareil au fromage et reconstituez-les avant de les passer dans la pâte à beignets.

Beignets de fleurs de courgettes au fromage à la crème et au miel de lavande
Suivez la recette de base, en remplaçant le fromage de chèvre par 110 g (4 oz) de fromage à la crème mélangé avec 2,5 ml (½ c. à t.) de poivre noir fraîchement moulu.

Variantes

Champignons en persillade

Recette de base p. 234

Champignons en persillade et au piment
Suivez la recette de base, en faisant revenir avec l'ail 1 piment sec émincé.

Champignons en persillade à la crème
Suivez la recette de base, en ajoutant 45 ml (3 c. à s.) de crème 35%
à la sauce, en même temps que le persil.

Champignons en persillade au vinaigre balsamique
Suivez la recette de base, en agrémentant l'ail de 7,5 ml (½ c. à s.)
de vinaigre balsamique, avant d'ajouter les champignons.

Champignons en persillade au citron
Suivez la recette de base, en agrémentant les champignons cuits du zeste
et du jus de ½ citron, avant d'ajouter le xérès.

Feta et épinards en pâte filo

Recette de base p. 236

Feta et épinards au citron en pâte filo
Suivez la recette de base, en ajoutant à la garniture le zeste et le jus
de 1 citron.

Feta au citron en pâte filo
Suivez la recette de base, en supprimant les épinards et en ajoutant
à la garniture le zeste et le jus de 1 citron.

Feuilletés de feta et d'épinards
Suivez la recette de base, en remplaçant la pâte filo par de la pâte feuilletée.
Au lieu de mettre la garniture entre deux couches de feuilles de pâte filo,
confectionnez de petits feuilletés avec de fins disques de pâte.

Variantes

Artichaut en panure épicée au citron

Recette de base p. 239

Artichaut vinaigrette
Suivez la recette de base, en supprimant la panure. Ne passez pas l'artichaut
bouilli au four, mais arrosez-le simplement de vinaigrette juste avant
de servir.

Artichaut en panure épicée au citron confit
Suivez la recette de base, en supprimant le parmesan et en agrémentant
la panure de 1 citron confit haché.

Artichaut en panure aux câpres et à la menthe
Suivez la recette de base, en supprimant les copeaux de piments secs
et les herbes, et en agrémentant la garniture de 15 ml (1 c. à s.) de câpres
hachées et 15 ml (1 c. à s.). de feuilles de menthe finement ciselées.

Artichaut farci à la salade de chair de crabe
Suivez la recette de base, en supprimant la panure et la vinaigrette.
Après avoir fait bouillir l'artichaut, farcissez-le de 75 ml (5 c. à s.) de chair de
crabe émiettée agrémentée de ½ piment rouge finement émincé, du jus
et du zeste de 1 citron et de 15 ml (1 c. à s.) de coriandre finement ciselée.

Asperges aux épinards, à l'ail et aux pignons de pin

Recette de base p. 240

Asperges aux épinards, à l'ail, aux pignons de pin et au citron
Suivez la recette de base, en arrosant les légumes du jus de ½ citron avant de servir.

Asperges à l'ail et aux pignons de pin
Suivez la recette de base, en supprimant les épinards.

Asperges aux épinards, à l'ail et aux noisettes
Suivez la recette de base, en remplaçant les pignons de pin par des noisettes grossièrement hachées.

Courgettes aux épinards, à l'ail et aux pignons de pin
Suivez la recette de base, en remplaçant les asperges par 225 g (8 oz) de petites courgettes coupées en deux dans le sens de la longueur.

Variantes

Gratin de céleri-rave à la truffe

Recette de base p. 241

Gratin de pommes de terre à la truffe
Suivez la recette de base, en remplaçant le céleri-rave par 2 pommes de terre supplémentaires.

Gratin de céleri-rave
Suivez la recette de base, en supprimant l'huile parfumée à la truffe.

Gratin de céleri-rave, de cèpes et de truffe
Suivez la recette de base, en y ajoutant 2 cèpes frais émincés et sautés. Intercalez les lamelles de cèpes entre les tranches de céleri-rave et de pommes de terre.

Gratin de tubercules
Suivez la recette de base, en supprimant la pomme de terre et les deux tiers du céleri-rave. Utilisez à parts égales du céleri-rave, des panais, du navet et de la pomme de terre. Supprimez l'huile parfumée à la truffe.

Endives braisées aux noix
et aux graines de grenade

Recette de base p. 243

Endives rouges braisées aux pignons de pin et aux graines de grenade
Suivez la recette de base, en remplaçant les endives vertes par 2 endives rouges et les noix par 15 ml (1 c. à s.) de pignons de pin.

Trévises braisées aux noix et aux graines de grenade
Suivez la recette de base, en remplaçant les endives par 2 radicchios.

Endives braisées aux noix, au citron et aux graines de grenade
Suivez la recette de base, en ajoutant le zeste et le jus de 1 citron en même temps que la mélasse de grenade.

Endives braisées et halloumi grillé aux noix, au citron
et aux graines de grenade
Suivez la recette de base, en faisant griller 2 tranches de halloumi (fromage chypriote) en même temps que les endives. Agrémentez la mélasse de grenade du zeste et du jus de 1 citron.

Salade tiède de lentilles au chèvre frais et à la betterave

Recette de base p. 244

Salade tiède de lentilles au chèvre chaud et à la betterave
Suivez la recette de base, en remplaçant le chèvre frais émietté par 1 tranche fine de fromage de chèvre grillée.

Salade tiède de lentilles et de maquereau fumé au chèvre frais et à la betterave
Suivez la recette de base, en agrémentant la salade de lentilles de 115 g (4 oz) de maquereau fumé émietté.

Salade tiède de lentilles au chèvre frais et aux tomates confites
Suivez la recette de base, en remplaçant la betterave par 2 tomates confites coupées en deux et grillées à feu doux.

Salade tiède de lentilles au halloumi grillé et à la betterave
Suivez la recette de base, en remplaçant le chèvre frais par 1 tranche épaisse de halloumi (fromage chypriote) grillée.

Tapas dulces
Tapas sucrées

Préparés en petites portions, tous les desserts traditionnels espagnols peuvent faire office de tapas sucrées. Pour finir le repas en beauté, régalez-vous de tartes aux accents hispaniques, de savoureuses crèmes catalanes, ou des traditionnels chichis plongés dans une onctueuse sauce au chocolat.

Crème catalane

Pour 4 personnes

La crème catalane est très proche de la crème brûlée, mais il n'est pas nécessaire de la faire cuire pour qu'elle prenne puisqu'elle contient un peu de fécule de maïs. Cette version est très agréablement parfumée au citron et à la cannelle.

15 cl (²/₃ tasse) de lait entier + 1 tombée
20 cl (⁵/₈ tasse) de crème fraîche Liberté
½ bâton de cannelle
Le zeste de 1 citron

3 gros œufs fermiers
175 g (¾ tasse) de sucre
  + 15 ml (1 c. à s.) pour caraméliser
10 ml (2 c. à t.) de fécule de maïs

Dans une casserole à fond épais, mélangez le lait, la crème, la cannelle et le zeste de citron. Portez à ébullition, puis sortez la casserole du feu et laissez infuser 10 min environ.

Pendant ce temps, battez les jaunes d'œufs à l'aide d'un fouet électrique. Dès qu'ils prennent une teinte jaune pâle, incorporez le sucre. Versez ensuite le lait, que vous aurez préalablement filtré, et mélangez. Délayez la fécule de maïs dans une tombée de lait et ajoutez-la au mélange.

Transvasez la préparation dans une casserole propre. Faites-la cuire à petit feu en remuant vigoureusement ; elle doit former une crème et napper le dos de la cuillère. Répartissez la crème dans 4 petits ramequins en terre cuite et laissez refroidir avant de réserver au frais.

Juste avant de servir, parsemez les crèmes d'un peu de sucre et caramélisez sous le gril.

Voir variantes p. 273

Riz au lait aux pistaches,
sirop de grenade et d'eau de rose

Pour 4 personnes

Ce riz au lait inspiré de la cuisine indienne est un véritable délice. Vous vous surprendrez à lécher les cuillères et à racler les casseroles.

5 ml (1 c. à t.) de beurre
60 ml (4 c. à s.) de riz à grains ronds, trempé
   1 h dans l'eau et égoutté
2 ou 3 graines de cardamome, écrasées
1 l (4 tasses) de lait entier
45 ml (3 c. à s.) d'amandes entières

50 g (¼ tasse) de cassonade
30 cl (1 ⅕ tasse) de mélasse de grenade
1,25 ml (¼ de c. à t.) d'eau de rose
60 ml (4 c. à s.) de pistaches, concassées
Pétales de roses cristallisés
30 ml (2 c. à s.) de graines de grenade

Dans une casserole, faites chauffer le beurre et mettez-y le riz à revenir 2 ou 3 min. Ajoutez la cardamome et le lait, puis laissez mijoter à très petit feu 1 h environ en remuant de temps à autre ; le riz doit avoir absorbé tout le lait. À l'aide d'un robot électrique, mixez les amandes et le sucre jusqu'à les réduire en poudre. Incorporez la poudre d'amandes au riz et poursuivez la cuisson 5 min. Après refroidissement, réservez la préparation au réfrigérateur.

Dans une petite casserole, portez à ébullition la mélasse de grenade ; elle doit réduire des deux tiers. Sortez la casserole du feu, ajoutez-y l'eau de rose, puis laissez refroidir. Au moment de servir, répartissez le riz au lait dans 4 ramequins. Arrosez d'un peu de sirop à la grenade, parsemez de pistaches, de pétales de roses et de graines de grenade.

Voir variantes p. 274

Tarte aux abricots et aux amandes

Pour 8 à 10 parts

Cette tarte est certainement trop copieuse pour faire des tapas, mais les restes trouveront toujours preneur ! Songez à l'accompagner de crème fouettée.

Pour la pâte
175 g (1 ¼ tasse) de farine tout usage
110 g (½ tasse) de beurre doux froid, coupé en dés
1 pincée de sel
55 g (¼ tasse) de sucre
2 œufs fermiers
Pour la garniture
45 ml (3 c. à s. combles) de confiture d'abricots
8 abricots, coupés en deux et dénoyautés

140 g (⅝ tasse) de beurre doux
175 g (¾ tasse) de sucre
3 œufs, battus
  + 1 jaune d'œuf
100 g (⅖ tasse) de poudre d'amandes
Le zeste de 1 citron
5 ml (1 c. à t.) d'extrait de vanille
15 ml (1 c. à s.) d'amandes effilées
Sucre en poudre, pour le décor

Préparez la pâte : dans le bol d'un robot, mettez la farine, le beurre, le sel et le sucre. Mixez jusqu'à obtention d'un ensemble à consistance sableuse. Ajoutez 1 œuf et pulsez jusqu'à obtention d'un bloc de pâte. Si la pâte est trop sèche, incorporez 15 à 20 ml (1 à 2 c. à s.) d'eau glacée. Formez une boule avec la pâte et aplatissez-la légèrement pour former un disque. Emballez la pâte dans du film alimentaire et réfrigérez 30 min.

Farinez le plan de travail et abaissez la pâte en un disque de 3 mm (⅛ po) d'épaisseur. Chemisez-en un moule de 20 cm (8 po) de diamètre et de 4 cm (1 ½ po) de profondeur. Piquez le fond de tarte avec une fourchette, puis réservez au frais 20 min. Préchauffez le four à 350 °F (180 °C). Garnissez le fond de tarte d'une feuille de papier sulfurisé, puis de billes à tarte pour la cuisson à blanc. Enfournez 20 min ; la pâte doit être légèrement dorée. Sortez le fond de tarte du four, enlevez les billes et le papier sulfurisé, puis badigeonnez l'intérieur du fond de tarte de 1 œuf battu à l'aide d'un pinceau. Enfournez 5 min. Sortez le moule à tarte du four et laissez refroidir.

Garnissez le fond de tarte d'une couche de confiture d'abricots, puis disposez les moitiés d'abricots, face coupée vers le bas. Mixez le beurre et le sucre, puis ajoutez les œufs battus et le jaune d'œuf sans cesser de mixer. Enfin, incorporez la poudre d'amandes, le zeste de citron et la vanille. Nappez la tarte de cette préparation et lissez le dessus avec le dos d'une cuillère. Parsemez d'amandes effilées et enfournez 25 à 30 min ; la garniture doit être prise et légèrement dorée. Servez la tarte tiède ou froide, saupoudrée de sucre en poudre.

Voir variantes p. 275

Natas

Pour 8 tartelettes environ

Les *natas* – célèbres tartelettes à la crème, spécialités du Portugal – comptent au nombre des pâtisseries les plus extraordinaires au monde. On les trouve dans le commerce, mais il vaut mieux les faire soi-même. Cette recette vous permettra d'épater vos proches !

15 cl (5/8 tasse) de lait entier
60 ml (4 c. à s.) de crème fraîche Liberté
2 œufs fermiers (les jaunes seulement)
30 ml (2 c. à s.) de cassonade
1 pincée de sel
15 ml (1 c. à s.) de fécule de maïs

½ bâton de cannelle
½ gousse de vanille
1 rouleau de pâte feuilletée
   (225 g [8 oz] environ)
15 ml (1 c. à s.) de sucre en poudre

Dans une grande casserole à fond épais, mélangez le lait, la crème, les jaunes d'œufs, la cassonade, le sel et la fécule de maïs. Ajoutez le bâton de cannelle et la gousse de vanille coupée en deux (prenez soin d'en racler l'intérieur à l'aide d'un couteau, pour libérer dans le lait les grains noirs qu'elle contient). Faites chauffer à feu doux en remuant constamment ; le mélange doit épaissir. Dès qu'il forme une crème légère qui nappe le dos de la cuillère, sortez la casserole du feu, couvrez-la et laissez refroidir.

Préchauffez le four à 350 °F (180 °C). Façonnez la pâte feuilletée en un rouleau serré, et découpez-le en tronçons de 2 cm (¾ po) de large. Abaissez les tronçons de pâte pour en faire des disques et garnissez-en des moules à muffins antiadhésifs de taille standard. Pressez légèrement la pâte contre le bord des moules, puis remplissez chaque caissette aux deux tiers (pas davantage) avec la crème à la vanille. Saupoudrez de sucre en poudre et enfournez 20 min ; la pâte doit être dorée et la garniture doit être prise (mais légèrement liquide au centre). Laissez les tartes refroidir dans les moules. Servez froid en dessert ou à l'heure du thé.

Voir variantes p. 276

Churros, sauce au chocolat

Pour 4 personnes

Les *churros* sont des beignets en forme de saucisse, que l'on plonge dans une sauce
au chocolat. On les consomme toute la journée, plus particulièrement au petit-déjeuner.

60 ml (4 c. à s.) d'huile végétale
  + pour la friture
55 g (3/8 tasse) de farine
1 pincée de sel

2 œufs fermiers
55 g (½ tasse) de sucre en poudre
55 g (2 oz) de chocolat noir
15 cl (5/8 tasse) de crème fraîche Liberté

Dans une casserole, portez à ébullition 15 cl (5/8 tasse) d'eau avec 60 ml (4 c. à s.) d'huile
végétale. Mélangez la farine et le sel, et versez progressivement ce mélange dans l'eau tout
en remuant vigoureusement à l'aide d'une cuillère en bois. Baissez le feu et continuez de
remuer la pâte ; elle doit former un bloc qui se détache des parois de la casserole. Sortez la
casserole du feu, puis incorporez les œufs.
Faites chauffer à feu vif une poêle à bords hauts et à fond épais remplie d'huile végétale
jusqu'à mi-hauteur. Mettez la pâte dans une poche à douille garnie d'un embout en forme
d'étoile. Formez des bâtonnets de pâte de 9 à 12 cm (3 ½ à 5 po) de long et faites-les glisser
directement dans l'huile chaude. Laissez-les frire 3 min environ ; ils doivent être croustillants
et dorés. Sortez les *churros* de la poêle, déposez-les sur du papier absorbant et saupoudrez-
les de sucre en poudre. Répétez l'opération jusqu'à ce qu'il ne reste plus de pâte.

Préparez la sauce au chocolat : dans une petite casserole, faites chauffer le chocolat et
la crème à feu doux tout en remuant. Dès que le mélange est lisse, sortez la casserole du feu
et versez la sauce dans un petit bol. Servez les *churros* accompagnés de la sauce.

Voir variantes p. 277

Panna cotta à la rhubarbe

Pour 4 personnes

La *panna cotta* («crème cuite» en italien) est un flan sans œuf, qui doit sa tenue à la gélatine. Cette version-ci est relativement légère et se distingue par son côté acidulé.

15 g (½ oz) de gélatine nature
25 cl (1 tasse) de lait entier froid
Le zeste de 1 orange
2 gousses de vanille, coupées en deux
175 g (⅞ tasse) de cassonade
8 cl (⅓ tasse) de crème 35%

40 cl (1 ⅗ tasse) de yogourt à la grecque
Pour la rhubarbe
450 g (1 lb) de rhubarbe fraîche
60 ml (4 c. à s.) de cassonade
15 ml (1 c. à s.) de sirop de grenadine
30 ml (2 c. à s.) de sirop de gingembre

Mettez la gélatine dans un saladier avec 90 ml (6 c. à s.) de lait froid. Réservez 5 min, puis placez le bol dans un bain-marie et remuez jusqu'à dissolution de la gélatine (elle ne doit pas bouillir).

Dans une casserole, mettez le zeste d'orange, les gousses de vanille et la cassonade. Ajoutez-y le reste de lait et la crème. Portez le tout à ébullition, puis éteignez le feu. Filtrez la gélatine dissoute et incorporez-la à la préparation en mélangeant bien. Versez progressivement cet appareil dans un grand saladier contenant le yogourt, tout en fouettant vigoureusement pour éviter la formation de grumeaux. Passez le mélange au chinois, puis répartissez-le dans 4 moules. Recouvrez chaque moule de film alimentaire et réservez au frais au moins 5 h.

Pendant ce temps, préparez la compote de rhubarbe : préchauffez le four à 400 °F (200 °C). Coupez la rhubarbe en tronçons de 2 cm (¾ po) d'épaisseur. Mettez les morceaux de rhubarbe dans un plat de cuisson, saupoudrez-les de cassonade, arrosez le tout de sirop de grenadine et

de sirop de gingembre. Couvrez le plat d'une feuille de papier d'aluminium et enfournez 10 à 12 min ; la rhubarbe doit être juste cuite. Sortez le plat du four et laissez refroidir.

Sortez les *panna cotta* du réfrigérateur. Pour faciliter le démoulage, passez une lame de couteau le long de la paroi de chacun des moules, puis plongez-les quelques instants dans l'eau chaude. Démoulez chaque flan au milieu d'une assiette et garnissez de compote de rhubarbe.

Voir variantes p. 278

Cœur fondant au chocolat

Pour 4 personnes

Voici le meilleur cœur fondant au chocolat qui soit. Accompagnez-le d'un peu de glace à la pistache pour lui donner une petite touche méditerranéenne.

110 g (4 oz) de chocolat noir
4 œufs fermiers
100 g (1 tasse) de sucre en poudre
110 g (½ tasse) de beurre doux, fondu
 + un peu pour les moules

40 g (¼ tasse) de farine
 + un peu pour les moules
30 ou 45 ml (2 ou 3 c.) à s. de cognac Extra Old
Glace à la pistache, pour accompagner

Dans un petit saladier, faites fondre le chocolat au bain-marie. Dans un autre saladier, mélangez au fouet électrique les œufs et le sucre en poudre ; le mélange doit doubler de volume et devenir léger et aérien. Incorporez le beurre fondu au chocolat, puis versez le tout dans le mélange œufs-sucre. Ajoutez la farine, puis le cognac et mélangez. Réservez au frais plusieurs heures.

Préchauffez le four à 400 °F (200 °C). Beurrez et farinez 4 petits ramequins ou moules en métal de 7,5 cm (3 po) de diamètre.

Répartissez l'appareil dans les moules et enfournez 8 à 10 min ; le dessus des gâteaux doit être juste ferme au toucher. Démoulez sur des assiettes individuelles et servez sans attendre, avec de la glace à la pistache.

Voir variantes p. 279

Tarte à la crème à l'orange

Pour 8 à 10 parts

Voici une tarte parfumée à l'orange et à la noix de muscade, moelleuse à souhait.

1 bloc de pâte à tarte
1 noix de muscade entière, râpée
4 gros œufs fermiers
175 g (⅞ tasse) de cassonade

Le zeste finement râpé de 1 orange
30 cl (1 ⅕ tasse) de crème 35 %
30 cl (1 ⅕ tasse) de lait entier
1 gousse de vanille

Préchauffez le four à 400 °F (200 °C). Abaissez la pâte à tarte en un disque de 12 mm (½ po) d'épaisseur, puis râpez un peu de noix de muscade sur toute sa surface. Pliez la pâte en deux, puis abaissez-la à nouveau en un disque de 6 mm (¼ po) d'épaisseur. Garnissez-en un moule à tarte à fond amovible de 20 cm (8 po) de diamètre. Pressez la pâte contre les parois (laissez dépasser les bords), puis réservez 10 min au réfrigérateur. Garnissez le fond de tarte de papier sulfurisé, puis de billes à tarte pour la cuisson à blanc. Enfournez 20 min, puis ôtez le papier sulfurisé et les billes. Poursuivez la cuisson 15 min ; le fond de tarte doit être doré. Sortez-le du four, puis égalisez les bords à l'aide d'un couteau-scie. Réservez le fond de tarte sans le démouler.

Baissez le four à 300 °F (150 °C). Dans un grand saladier, fouettez les œufs et la cassonade. Dans une grande casserole, mélangez un peu de noix de muscade râpée, le zeste d'orange, la crème, le lait et la gousse de vanille, puis portez à ébullition. Incorporez le liquide chaud au mélange œufs-sucre en fouettant vigoureusement, puis filtrez l'appareil. Versez cette préparation dans le fond de tarte, parsemez d'un peu de noix de muscade râpée, puis enfournez 1 h environ. La garniture doit être dorée, ferme sur le pourtour et légèrement liquide à cœur. Laissez refroidir avant de servir.

Voir variantes p. 280

Turrón

Pour 30 pièces

Équivalent espagnol du *halva* grec, le *turrón* colle aux dents mais s'émiette dans la main. Plus proche d'une confiserie que d'un dessert, il est le compagnon idéal d'une bonne tasse de café.

125 cl (5 tasses) de miel de fleurs d'oranger
150 g (³/₅ tasse) de poudre d'amandes
2 jaunes d'œufs
   + 1 blanc d'œuf, battu en neige ferme

1 pincée de cannelle
Le zeste de ½ citron

Dans une casserole, faites chauffer le miel à feu moyen. Ajoutez-y la poudre d'amandes, mélangez bien, puis sortez la casserole du feu. Ajoutez les jaunes d'œufs, la cannelle et le zeste de citron, mélangez à nouveau, puis incorporez délicatement le blanc d'œuf battu en neige ferme.

Chemisez de papier sulfurisé un moule de 20 cm (8 po) de diamètre. Versez-y la préparation et lissez-en la surface ; elle doit faire environ 12 mm (½ po) d'épaisseur. Recouvrez-la d'une autre feuille de papier sulfurisé et posez par-dessus une assiette ou une planche à découper pour bien lester.

Laissez sécher le *turrón* 3 jours à température ambiante. Découpez-le en carrés de 2,5 cm (1 po) de côté avant de servir.

Voir variantes p. 281

Variantes

Crème catalane

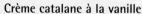

Recette de base p. 257

Crème catalane à la vanille
Suivez la recette de base, en remplaçant le bâton de cannelle par 1 gousse
de vanille. Incisez la gousse sur toute sa longueur et raclez-en l'intérieur avec
un couteau. Placez la gousse et les graines noires dans le lait pour le parfumer.

Crème catalane à l'orange
Suivez la recette de base, en remplaçant le zeste de citron par le zeste
de ½ orange.

Crème catalane à la cardamome
Suivez la recette de base, en ajoutant dans le lait 2 graines de cardamome
écrasées.

Crème catalane aux épices
Suivez la recette de base, en ajoutant dans le lait 2 clous de girofle, ½ anis
étoilé et le zeste de ½ orange.

Riz au lait aux pistaches,
sirop de grenade et d'eau de rose

Recette de base p. 259

Riz au lait aux pistaches caramélisées, sirop de grenade et d'eau de rose

Suivez la recette de base, en utilisant des pistaches caramélisées.

Riz au lait à la cannelle et aux pistaches, sirop de grenade et d'eau de rose

Suivez la recette de base, en ajoutant 1 bâton de cannelle au riz au moment de le faire cuire.

Riz au lait au citron et aux pistaches, sirop de grenade et d'eau de rose

Suivez la recette de base, en ajoutant un peu de zeste de citron au riz au moment de le faire cuire.

Riz au lait à l'orange, au laurier et aux pistaches, sirop de grenade

Suivez la recette de base, en supprimant la cardamome et en agrémentant le lait d'un peu de zeste d'orange et de 1 feuille de laurier. Supprimez l'eau de rose dans la préparation du sirop.

Variantes

Tarte aux abricots et aux amandes

Recette de base p. 260

Tarte aux framboises et aux mûres
Suivez la recette de base, en remplaçant la confiture d'abricots et les abricots frais par de la confiture de framboises et 225 g (1 tasse) de framboises fraîches.

Tarte aux prunes et aux amandes
Suivez la recette de base, en remplaçant la confiture d'abricots et les abricots frais par de la confiture de prunes et des prunes fraîches.

Tarte aux poires et aux amandes
Suivez la recette de base, en supprimant la confiture d'abricots et en remplaçant les abricots frais par 8 poires pochées coupées en deux.

Tartes aux abricots et aux pistaches
Suivez la recette de base, en remplaçant un tiers des amandes par des pistaches finement concassées.

Natas

Recette de base p. 262

Natas au chocolat
Suivez la recette de base, en ajoutant à la crème 55 g (2 oz) de chocolat noir fondu.

Natas à la cardamome et à l'eau de rose
Suivez la recette de base, en ajoutant à la crème 3 graines de cardamome écrasées et 1,25 ml (¼ de c. à t.) d'eau de rose.

Natas au café
Suivez la recette de base, en ajoutant à la crème 15 ml (1 c. à s.) de café très fort.

Natas au citron
Suivez la recette de base, en ajoutant à la crème le zeste de ½ citron.

Variantes

Churros, sauce au chocolat

Recette de base p. 265

Churros à la cannelle, sauce au chocolat
Suivez la recette de base, en ajoutant 5 ml (1 c. à t.) de cannelle en poudre
au sucre.

Churros, sauce au chocolat pimentée
Suivez la recette de base, en ajoutant 1 pincée de piment en poudre
à la sauce au chocolat.

Churros à la confiture de lait
Suivez la recette de base, en remplaçant la sauce au chocolat par 45 ou 60 ml
(3 ou 4 c. à s.) de confiture de lait.

Churros, sauce au chocolat à l'orange
Suivez la recette de base, en ajoutant le zeste de 1 orange à la sauce
au chocolat.

Variantes

Panna cotta à la rhubarbe

Recette de base p. 266

Panna cotta à la pêche
Suivez la recette de base, en remplaçant la rhubarbe par des pêches mûres, pelées et tranchées, et le sirop de gingembre par 3 ou 4 feuilles de menthe fraîche ciselées. Supprimez la grenadine.

Panna cotta aux petits fruits au gingembre
Suivez la recette de base, en remplaçant la rhubarbe par un assortiment de petits fruits. Supprimez la phase de cuisson. Mélangez simplement les fruits avec le sucre et le sirop et laissez macérer 10 min.

Panna cotta à la prune
Suivez la recette de base, en remplaçant la rhubarbe par des prunes mûres.

Panna cotta classique, compote de rhubarbe
Suivez la recette de base, en remplaçant le yogourt à la grecque par de la crème fraîche Liberté.

Variantes

Cœur fondant au chocolat

Recette de base p. 269

Cœur fondant au chocolat et au caramel
Suivez la recette de base, en ajoutant 2 caramels mous dans chaque gâteau
avant d'enfourner. Remplacez la glace à la pistache par de la glace
à la vanille.

Cœur fondant au chocolat et à l'amaretto
Suivez la recette de base, en remplaçant le cognac par de l'amaretto.
Remplacez la glace à la pistache par de la glace à la vanille.

Cœur fondant au chocolat et à l'orange
Suivez la recette de base, en ajoutant le zeste râpé de 1 orange à l'appareil
au chocolat.

Cœur fondant au chocolat et à la framboise
Suivez la recette de base, en ajoutant 3 à 4 framboises dans chaque gâteau
avant d'enfourner. Remplacez la glace à la pistache par de la glace
à la vanille.

Tarte à la crème à l'orange

Recette de base p. 270

Tarte à la crème aux oranges caramélisées
Suivez la recette de base, en accompagnant la tarte d'oranges pelées
et tranchées, arrosées de caramel. Pour préparer le caramel, faites fondre
60 ml (4 c. à s.) de sucre dans une casserole, puis allongez d'un peu de jus
d'orange.

Tarte à la crème et à la noix de muscade
Suivez la recette de base, en supprimant le zeste d'orange.

Tarte à la crème au citron
Suivez la recette de base, en remplaçant le zeste d'orange par le zeste
finement râpé de 2 citrons.

Tarte à la crème au chocolat blanc
Suivez la recette de base, en agrémentant la garniture de 100 g (3 ½ oz)
de chocolat blanc fondu et légèrement refroidi.

Variantes

Turrón

Recette de base p. 272

Turrón à la pistache
Suivez la recette de base, en agrémentant l'appareil de 150 g (5 oz)
de pistaches concassées, après y avoir incorporé le blanc d'œuf.

Turrón aux amandes entières
Suivez la recette de base, en agrémentant l'appareil de 150 g (5 oz)
d'amandes entières, après y avoir incorporé le blanc d'œuf.

Turrón aux amandes et aux abricots
Suivez la recette de base, en agrémentant l'appareil de 75 g (2 ½ oz)
d'amandes entières et 85 g (½ tasse) d'abricots secs hachés, après y avoir
incorporé le blanc d'œuf.

Turrón au miel de lavande
Suivez la recette de base, en remplaçant le miel de fleurs d'oranger
par du miel de lavande.

Index